INFIDELIDADES FINANCEIRAS

INFIDELIDADES FINANCEIRAS
CRÔNICAS DE UMA *VOYEUR*
© Almedina, 2020

AUTORA: Mara Luquet

DIRETOR ALMEDINA BRASIL: Rodrigo Mentz
EDITOR DE CIÊNCIAS SOCIAIS E HUMANAS: Marco Pace
ASSISTENTES EDITORIAIS: Isabela Leite e Larissa Nogueira

REVISÃO: Isabella Mouzinho
DIAGRAMAÇÃO: Almedina
DESIGN DE CAPA: Casa de Ideias

ISBN: 978-65-86618-23-5
Dezembro, 2020

Dados Internacionais de Catalogação na Publicação (CIP)
(Câmara Brasileira do Livro, SP, Brasil)

Luquet, Mara
 Infidelidades financeiras: crônicas de uma voyeur / Mara Luquet.
 São Paulo: Almedina Brasil.

 ISBN 978-65-86618-23-5

 1. Casais – Relações interpessoais 2. Crônicas brasileiras
 3. Economia 4. Finanças I. Título.

20-47192   CDD-B869.8

Índices para catálogo sistemático:

1. Crônicas do cotidiano: Literatura brasileira B869.8

Maria Alice Ferreira – Bibliotecária – CRB-8/7964

Este livro segue as regras do novo Acordo Ortográfico da Língua Portuguesa (1990).

Todos os direitos reservados. Nenhuma parte deste livro, protegido por copyright, pode ser reproduzida, armazenada ou transmitida de alguma forma ou por algum meio, seja eletrônico ou mecânico, inclusive fotocópia, gravação ou qualquer sistema de armazenagem de informações, sem a permissão expressa e por escrito da editora.

EDITORA: Almedina Brasil
Rua José Maria Lisboa, 860, Conj. 131 e 132, Jardim Paulista | 01423-001 São Paulo | Brasil
editora@almedina.com.br
www.almedina.com.br

MARA LUQUET

INFIDELIDADES FINANCEIRAS

CRÔNICAS DE UMA *VOYEUR*

Para eles, a quem sequer a morte conseguiu separar, e que nos inspiram com suas histórias de amor (*in memorian*).

Abigail e Mario
Lourdes e Newton
Antonia e Jayme

Prefácio
O triângulo

A *voyeur* financeira contempla o triângulo: na base, o casal; no ápice, o dinheiro. Nosso cérebro aprecia a metáfora, pois já se acostumou a encaixar o mundo em triângulos. Eles nos cercam por toda parte. Na matemática, o Triângulo Sublime é um triângulo isósceles no qual a proporção entre os dois lados iguais e a base é a razão áurea, o número 1,618. Na geografia, o Triângulo Dourado, nome cunhado pela CIA, descreve a área das fronteiras entre a Tailândia, o Laos e Mianmar.

É nele que se passa uma das melhores aventuras de Emily Reed-Pollifax. O comércio de ópio, um golpe do governo tailandês e as operações secretas da CIA figuram na intriga, enquanto a Sra. Pollifax luta para encontrar o marido desaparecido. Como nas narrativas que mais atraem leitores, a história de Emily obedece à regra da ficção, cujos três itens básicos formam um triângulo: a apresentação, o conflito (ou o ápice da história) e o desfecho.

Já na História com H maiúsculo, muitas vezes os poderosos também formam triângulos de associação e inimizade. Por exemplo, o período no Oriente Médio, que vai da formação do Estado de Israel até os acordos de paz de Oslo, é o tema de *"O Triângulo Fatal"*, uma das obras mais renomadas de Noam Chomsky.

Não deixemos de lado a psicanálise. O complexo de Édipo — triângulo amoroso formado pelo pai, a mãe e a criança (que ama a mãe e vê o pai como rival) — será, segundo Freud, vivenciado por todo ser humano.

Faltava ao entendimento dos nossos dramas diários o triângulo das finanças pessoais. Seus três ingredientes, o dinheiro e duas pessoas numa relação amorosa, se combinam em receitas instrutivas de desastres e soluções, que vão manter o leitor virando as páginas deste livro com enorme interesse.

As aventuras de duas pessoas que se amam (ou se odeiam) sempre atiçam nossa curiosidade. Nelas, o papel do dinheiro quase sempre está presente. Dou um exemplo clássico. Alicerce do romance moderno, *"Madame Bovary"*, de Flaubert, conta não apenas uma história de adultério, mas uma história de dívidas. Mentirosa por natureza, Emma começa a enganar o marido antes mesmo do primeiro adultério. Vive fora da realidade e tem uma mente rasa. Lê muito, mas lê mal. Daríamos voltas desnecessárias ao dizer que o meio moldou Emma. Mas é verdade que, enquanto os homens tinham acesso à propriedade, o corpo de Emma era sua única moeda, o capital que negociava em segredo, pagando o preço da vergonha e a despesa adicional da mentira. Quando ela precisou de dinheiro para pagar dívidas, os homens o ofereceram em troca de favores sexuais. De todos os ventos que chicoteiam o amor, o dinheiro é o mais frio e o mais destrutivo.

Em *"A orgia perpétua"*, Mario Vargas Llosa diz que Emma tem uma postura universal: reúne ao mesmo tempo "a capacidade de fabricar ilusões e a louca vontade de realizá-las". E essa vontade louca a faz acumular dívidas para as quais só encontra saída no suicídio. Nem por isso a promíscua é vítima. Se os limites sociais lhe impunham a escolha entre felicidade ou fidelidade, Emma toma seu destino nas próprias mãos ao escolher ser infiel a Charles. E a estrutura do romance exige dela a responsabilidade sobre suas ações.

As histórias que compõem as crônicas de uma *voyeur* financeira não são tão trágicas. Mas, além de fascinantes, se completam com conclusões que Mara Luquet soletra com maestria. O segredo para viver melhor é não fazer segredo diante de assuntos monetários e, ao mesmo tempo, não erigir o vil metal como senhor de nossas vidas.

Prefácio

Situações mediadas pelo dinheiro muitas vezes resvalam em sentimentos de vergonha, impasses, mal-estar e sentimentos negativos. Até que ponto você está preparado para lidar com o tema dinheiro?

A teoria freudiana une os objetos do plano sentimental e social ao plano psíquico. Se, às vezes, um charuto é mais do que um charuto, embora continue a ser charuto, o mesmo se pode dizer do dinheiro. Ao lado da sexualidade humana, Freud apontou para o dinheiro como um grande tabu. Apesar de tão valorizado, o vemos como sujo, como alguma coisa que devemos esconder. Ele combina valor e sujeira, retenção e vergonha. Escondemos quanto ganhamos e escondemos quanto perdemos. E, enquanto muitos só falam de dinheiro, outros não o mencionam. Para esses, falar de dinheiro é mais difícil do que falar de sexo, morte, religião e política. Justamente pelo fato de ser tabu, o dinheiro acaba virando um problema na vida de muitas pessoas.

Se um casal não pode conversar sobre dinheiro, ele vira um problema cabeludo. Não falar sobre dinheiro não desfaz as preocupações financeiras. Apenas transforma o dinheiro em fonte de ansiedade e mantém o casal ignorante e em conflito.

Nem sempre o casal silencia o tema por considerá-lo tabu. Muitas vezes falta ao casal a linguagem para descrever o que pensa, o conhecimento dos processos envolvidos em investimentos e dívidas. Mara Luquet, apoiada no conhecimento de estudiosos da teoria financeira, oferece ao leitor o vocabulário e as noções básicas de que ele precisa para pensar e discutir temas como orçamentos, dívidas, mercado, investimentos, ações, juros, fundos, imóveis, o dólar e a previdência. Aqui, o leitor pode aprender, de uma forma prazerosa, o bê-á-bá das finanças pessoais. E pode se tornar capaz de evitar enrascadas financeiras, prestando atenção nestas histórias reais, crônicas do cotidiano que Mara Luquet ouviu e viveu.

ELIANA CARDOSO

Sumário

INTRODUÇÃO 15

CRÔNICAS 17
    Quem paga a conta? 19
    Enfim sós... ou não? 23
    Quando o amor custa caro 29
    A Ciumenta em Barcelona 35
    A Nervosinha em Florença 41
    Um amor, uma paixão... 45
    Infidelidade financeira 49
    Unidos pela crise... no mercado de ações ... 53
    Um *ménage* financeiro 57
    Família eh! Família ah! Família! 61
    O pesadelo do atleta 65
    Filhos: ter ou não ter, eis a questão 69
    Agora é com você 73

10 PALAVRAS QUE VÃO AJUDAR SUAS FINANÇAS 75
    1. Ações 77
    2. Dívida 78
    3. Dólar 80
    4. Fundos 81
    5. Imóveis 82
    6. Investimentos 83

7. Juros 85
8. Mercado............................... 88
9. Orçamento............................ 90
10. Previdência........................... 91

FELIZES PARA SEMPRE.......................... 97

REFERÊNCIAS 99

Introdução

São femininas as vozes que contam as histórias dos próximos capítulos. Não porque enrascadas financeiras sejam exclusividade das mulheres, mas por estarem mais abertas a partilhar as dificuldades em busca de soluções.

São histórias reais, crônicas do cotidiano e experiências próprias que, nem sob tortura, revelarei quando a personagem for eu mesma.

Histórias que chegaram até mim por e-mails, mensagens, redes sociais, desabafo de amigas, e que narram como o complexo triângulo amoroso – amantes e dinheiro – destrói o romantismo e a paixão dos casais.

Terá mesmo o dinheiro o poder de enfraquecer o amor? Se as questões financeiras não forem bem tratadas e a tempo, pode apostar que sim. A literatura de forma geral, e mais especificamente a que trata de finanças pessoais, está repleta de referências de como dívidas e dificuldades financeiras são causas decisivas para o fim de relacionamentos.

Marco Gazel, um amigo e pesquisador da Universidade de Paris-Sorbonne, advoga que, muitas vezes, o dinheiro pode não ser o problema central, mas age como catalisador da separação do casal, cuja relação já não estava lá essas coisas.

Aqui, você verá que é a relação com o dinheiro – e não necessariamente a falta dele – que provoca as desavenças entre casais. Mesmo o excesso de dinheiro pode criar problemas. Duvida?

Então acomode-se na poltrona e comece a espiar a vida de outros casais nas próximas páginas, e terá a certeza de que mesmo o excesso de grana criará problemas que vão desaguar em infidelidades financeiras.

Espero que, depois desta experiência de *voyeur*, seu relacionamento afetivo melhore em todos os aspectos, inclusive – e por que não – no sexual. Certa vez, perguntei à Regina Navarro Lins – psicanalista e escritora, companheira no programa *Globonews Em Pauta*, onde eu falava de finanças pessoais e ela de sexualidade – qual era a influência do dinheiro na vida sexual de um casal. Ela disse, por exemplo, que alguns casais em que as mulheres têm salários superiores ao de seus maridos relatam problemas.

Em conversa com outros terapeutas e lendo pesquisas sobre o tema, percebo que o único tabu mais poderoso que o sexo é o dinheiro. Brigar por causa de dinheiro acaba com o tesão.

Eis um belo motivo para você navegar nas próximas páginas, se inspirar em histórias alheias e dar um trato no seu relacionamento.

Como dizem os terapeutas, os casais não costumam falar sobre dinheiro. Eles brigam. O assunto só chega às conversas depois que o caldo já entornou. Se os problemas são recorrentes, vamos jogar luz sobre eles e propor soluções.

Nesse sentido, as crônicas funcionam como um começo de conversa sobre finanças pessoais, apoiada por especialistas das áreas financeira e jurídica que respondem às questões que a vida real me trouxe e que eu embalei em crônicas diretamente para você. Espero que elas sirvam de porta de entrada para o cansativo, pouco atraente, mas muito útil, mundo das finanças pessoais.

Mas confesso que a verdadeira razão para ter escrito este livro é porque sou uma romântica incorrigível e me entristeço quando verdadeiras histórias de amor sucumbem destruídas pelo vil metal.

CRÔNICAS

Quem paga a conta?

Essa história ocorreu, há alguns anos, com uma amiga, e cai como uma luva para o primeiro tema desse capítulo.

Tudo começou num *chat*, aquelas salas de bate-papo na internet. As conversas eram interessantes, divertidas e se tornavam cada vez mais frequentes. Ela em São Paulo, ele no Rio de Janeiro. Decidiram que já era hora de se conhecerem pessoalmente. Um fim de semana na Cidade Maravilhosa. Nada mal para o início de um relacionamento, ela pensou.

Apesar do voo tranquilo, sentia-se apreensiva com aquele primeiro encontro. Dúvidas atormentavam sua mente. Uma mulher de mais de trinta anos, esclarecida, bem informada, acostumada a círculos de intelectuais: em que tipo de aventura estaria se envolvendo? Estaria indo ao encontro de um maníaco, um psicopata, um antipático, enfim, um ser repugnante? Depois, achou graça de si mesma. Não, pelas conversas que tivera, ele se mostrara um sujeito culto, equilibrado e de bom nível social. Não poderia estar tão enganada em sua percepção.

Na hora marcada, entrou no restaurante descolado no Leblon. Analisou os rostos tentando identificar o seu amigo virtual. Deteve-se, com receio, nos mais feios. Otimismo não era seu forte. Mas, para seu alívio, ele era um cara incrivelmente normal. Bem vestido, bonito até. Ele se levantou, foi ao seu encontro e, com um sorriso, se apresentou. Tinha a aparência totalmente condizente com a que lhe descrevera em suas conversas virtuais. Sentiu-se aliviada.

Estava sem fome, não tinha o costume de jantar, além do mais toda aquela excitação lhe tirara completamente o apetite.

Ele, ao contrário, se mostrou ansioso por experimentar a elogiada comida do *chef*. Para comer, pediu a especialidade da casa. Para beber, escolheu um bom vinho, do qual ela bebeu apenas uma taça durante todo o jantar. Não precisava de mais, já se sentia embriagada com aquele encontro.

Durante três horas, conversaram, riram, fizeram planos para o fim de semana. Praia, bicicleta, teatro, barzinho.

Enfim, ele pediu a conta. O garçom a trouxe, ele a conferiu atentamente, tirou o cartão de crédito da carteira e, com um ar *blasé*, anunciou: "são cento e oitenta para cada um". Mas, como?! Cento e oitenta reais por uma taça de vinho?! Este pensamento lhe atravessou a cabeça como um projétil de fuzil. Diante de seus olhos, o príncipe encantado da *web* virou um sapo. Um sapo grosseiro capaz de, num primeiro encontro, dividir a conta daquele lauto jantar com alguém que mal tomara uma única taça de vinho!

Sem perder a pose, sacou o cartão de crédito *platinum* de sua carteira *Louis Vuitton* e pagou sua parte. Quase vomitou quando ele colocou o braço sobre seus ombros e a conduziu até a saída. Preferiu pegar um táxi. Afinal, não queria correr o risco de ele pedir que rachassem a gasolina.

Despediram-se com um protocolar beijo na face. Ela nunca mais o procurou nem atendeu seus telefonemas. Jurou que jamais voltaria a conversar com um desconhecido pela internet.

"Quem paga a conta?" parece ser uma simples e inocente pergunta, mas pode significar muito num relacionamento. O primeiro encontro, começo de tudo, pode não passar de uma noite, mas se durar mais tempo implica estabelecer acordos.

Concordamos que o Sr. Sapo da história é um sujeito grosseiro, para dizer o mínimo. Mas ainda não discutimos o que é o certo em relação a quem paga a conta. O homem paga sempre? A mulher paga se tiver uma situação financeira melhor que a dele? Eles dividem? Não existe uma resposta definitiva para essa questão. Mas é certo que o bom senso e a educação devem prevalecer sempre. Mas o que é bom senso?

Quem paga a conta?

Observe que foi ela quem pegou e pagou a passagem aérea para o Rio para encontrá-lo. Não parece bom senso que ele retribua a gentileza pagando a conta? Além do mais, ela ficou apenas com uma taça de vinho. Está claro que o Sr. Sapo definitivamente não tinha nem bom senso, nem tampouco educação.

Atualmente, é comum que a conta seja dividida entre o casal. O que é definitivamente contraindicado é se endividar para pagar a conta. Seja ele, seja ela.

Esse é um erro típico de início de relacionamento. Na ânsia de conquistar a presa, acaba-se cometendo verdadeiros suicídios financeiros. Isso não se limita, obviamente, a jantares. Presentes, viagens, gastos em progressão geométrica enquanto as receitas não progridem em nada. Portanto, muita calma nessa hora.

Homens, por exemplo, tendem a pensar que carrões impressionam as mulheres e, muitas vezes, se espelham numa falsa aparência. Se o namoro for duradouro, logo a realidade se revelará de forma nua e crua.

Não se deve construir uma relação baseada em fantasias. Até porque as questões financeiras podem se tornar até irrelevantes diante de problemas maiores que surgem num prazo mais longo. Construir um relacionamento é mais difícil que construir um patrimônio.

Porém, mesmo com toda essa dificuldade, vale muito a pena. Um bom relacionamento é um caminho para a felicidade e a base para enfrentar as dificuldades da vida. Mas deixe o dinheiro fora disto.

O errado é qualquer um dos dois dar um passo maior do que as pernas aguentam. Usar o cheque especial para pagar a conta, nem pensar. Se você é homem e se sente mais confortável pagando integralmente a conta, escolha um lugar que não vá arrasar sua conta bancária. Lembre-se: alguns relacionamentos passam, mas os juros ficam e são companhias desagradáveis.

Enfim sós... ou não?

Os afazeres domésticos nunca foram seu forte. Desde que se casara, teve empregada para arrumar, lavar, passar e até cozinhar. Para cuidar dos filhos, uma babá. Não era para menos, afinal o marido tinha um ótimo salário. Dinheiro não era problema.

Ela se divorciou, ficou com a guarda dos filhos, mas ainda vivia com uma boa pensão do ex-marido que, se não cobria os luxos do passado, era suficiente para pagar uma empregada que cuidava, com capricho, do apartamento alugado.

Os filhos cresceram, saíram de casa, com exceção da caçula, que se casaria em breve.

Passados alguns meses, era uma terça-feira – não poderia esquecer, pois era o dia estipulado para a faxina, que agora, com as finanças mais apertadas, estava entre seus afazeres –, ela com o pensamento distante e, com uma vassourada desastrada, estilhaçou o espelho que cobria uma das paredes da sala. Sentado no sofá, lendo o jornal, o genro deu um salto ao ouvir o barulho. Seu novo lar era agora um pequeno apartamento. Noventa metros quadrados onde moravam ela, a filha caçula recém-casada e, logicamente, o genro. Sogra, esse era seu novo *status*. Ali se instalara apenas três semanas após o "sim" de sua filha ao pé do altar.

O motivo dessa mudança tão radical? Era ela quem pagava o aluguel. Abriu mão de morar em seu próprio lar, pois não tinha renda suficiente para pagar o aluguel de dois apartamentos, um para si e outro para a filha. Resignada, foi morar com o jovem casal. Um ato de amor, sem dúvida.

Inteirinho! Ela destruiu completamente o belo espelho que fazia a sala parecer mais ampla. *"Como pode ser tão desastrada"*, resmungou o genro encarando-a irritado. Calçou os chinelos e saiu batendo a porta. Ele precisava pensar, não tinha nem seis meses de casado e parecia ter problemas típicos de um relacionamento de anos. Acendeu um cigarro, caminhou pelo bairro, sentindo o gosto do fumo barato a que teve que se acostumar. Não podia mais comprar cigarros da marca que fumava na época de solteiro. Talvez fosse melhor abandonar o vício de vez. Já não encontrava o mesmo prazer de antes, além da vantagem de se livrar dos malefícios do fumo. Era o que lhe vinha à mente, naquela tarde de terça-feira.

Mas terça-feira à tarde não é hora de um jovem chefe de família estar trabalhando? Ele trabalhava, que fique bem claro. Mas não tinha uma ocupação, digamos, ortodoxa. Sem carteira assinada, sem salário certo, sem plano de saúde. Era uma espécie de artista. Enquanto solteiro, morava com a mãe. Tinha um certo *glamour*, vivia rodeado por gente famosa. Certamente, foi essa aura que despertou a paixão da filha caçula, que sonhava com uma bela festa de casamento. Sonho que se tornou realidade, sob os auspícios dela, a sogra, a destruidora de espelhos. Aliás, patrocinadora também de toda a mobília do apartamento do jovem casal.

Afinal, a filha queria o casamento perfeito, o que para ela significava ter na partida um apartamento perfeitamente mobiliado e uma sala impecável com bar, mesa de jantar, *smart* tv, enfim, esses pequenos luxos que fazem a felicidade de muita gente e não raro estão lastreados em infindáveis boletos com pagamentos mensais.

Ao recorrer à sogra para financiar seus caprichos o casal livrou-se dos boletos, mas ganhou a sogra. Agora, com o espelho estilhaçado e os constantes palpites da atenta senhora na rotina doméstica, os boletos já não lhe pareciam tão ruins assim.

Era preciso despachar a mulher, mas antes era urgente encontrar um emprego que rendesse o suficiente para custear o casamento perfeito.

Eles caíram numa armadilha clássica de jovens apaixonados que partem para o casamento: tentar iniciar uma vida em comum reproduzindo padrões de consumo da casa dos pais.

Enfim sós... ou não?

Esquecem que os pais construíram tal padrão ao longo de uma vida e que provavelmente começaram a vida em comum com muitos planos e sonhos, mas uma rotina modesta.

Casamento é para os fortes. É uma empreitada por si só já com desafios bastantes. Se ao enredo soma-se mais uma personagem sedenta por dar seus preciosos conselhos e palpites sobre como administrar a vida alheia, as chances são enormes de a aventura terminar em divórcio. Como, aliás, foi o desfecho da história do casal que buscava o lar perfeito.

Antes de pensar em se casar, faça uma planilha de quanto isso vai custar. Veja bem, não estamos falando de festa ou de mobília. O custo de um casamento é muito, mas muito, maior que isso.

Quando se está casado, há um ganho de escala. Por exemplo: um aluguel, uma conta de luz, um condomínio e duas receitas. Mas, não raro, mesmo somando as receitas, talvez não seja o suficiente para manter o mesmo padrão de vida da casa dos pais. Então, são dois os caminhos: adiar o casamento ou baixar o padrão de vida. Não há outra opção, sob pena de se criar sérios problemas futuros.

Não caia na armadilha de pedir para seus pais cobrirem um eventual déficit mensal no orçamento. O custo dessa interferência vai doer mais que os juros do cheque especial, que, por sinal, é um recurso que não recomendo a ninguém.

Não há nada de mal em ter ajuda dos pais para iniciar a vida de casado, mas pondere bem. É uma situação temporária? Em que condições?

Isso é imperativo: se pedir dinheiro emprestado aos pais, pague. Afinal, trata-se de um empréstimo e não de uma doação. De partida, fixe as datas dos pagamentos e os juros (que podem ser generosos ou até nulos, embora eu não ache errado cobrar juros de mercado). E, por favor, cumpra o acordado.

O casamento é, em princípio, uma proposta de longo prazo. Manter um relacionamento a dois já é um desafio enorme, imagine com a interferência de terceiros. E, não duvide, qualquer um que lhe prestar uma ajuda financeira vai se sentir no direito de se meter na sua vida. Se o gerente do banco tenta, que dirá o sogro. Sogros e sogras já dão palpites naturalmente, não queira encará-los na condição de credores, muito menos morar junto.

Com tudo isso, não são poucos os casais que buscam um empurrãozinho dos pais para iniciar a vida de casado. O problema está em transformar essa ajuda em uma conta corrente, ou pior, em um cheque especial. Para não correr o risco de transformar uma ajuda eventual em algo a perder de vista, opte por deixar os pais de fora quando resolver se casar. Quer um exemplo real? Veja o que me escreveu um jovem em busca de conselhos financeiros:

"Quero morar sozinho, ou melhor, eu e minha esposa, e conquistar minha independência financeira. Para isso, preciso de R$ 100 mil. Estou em dúvida sobre o que fazer".

Ele sabe que qualquer proposta que fizer ao pai será aceita.

"Ele vai fazer tudo para me ajudar",

Mas pondera:

"Não quero também receber as coisas sem que tenha um esforço meu."

E, por fim, pergunta:

"Estou com uma dúvida: peço que meu pai venda o imóvel que hoje está alugado, me dê o dinheiro e, então, começo a pagar a ele uma quantia fixa, sem a cobrança dos juros, até que venha quitar a dívida, ou compro o imóvel alugado do meu pai, por meio de uma linha de crédito com bancos, à taxa de cerca de 11% ao ano? Neste último caso, o imóvel continuaria alugado e eu pagaria as prestações desta linha de crédito com o dinheiro do aluguel. Por último, pensei em pegar um consórcio de uma carta de crédito já contemplada e continuar pagando o restante. Qual dessas seria melhor opção?"

Eu respondo: a melhor opção seria ele ter feito esse questionamento antes de se casar. É isso mesmo, ele já estava casado. E morando com os pais. E ainda quer a independência financeira?! Fala sério!

Os analistas que tiveram acesso a esse caso são unânimes em dizer: o melhor passo em direção à independência financeira é continuar morando com os pais por mais alguns anos. Se a decisão é sair da casa dos pais, na verdade, está se indo na direção oposta à da independência financeira. Se vai sair de casa, estará adquirindo independência, sim, mas não financeira. Não é fácil viver com os pais depois de casado. Então, por que casar? Afinal, estamos no século 21, não há mais tanta pressão social. É perfeitamente possível ter um relacionamento estável sem precisar recorrer a um dos quartos da sogra.

Sair do 0 para R$100 mil não é um caminho trivial. É preciso se esforçar. Sozinho, os sacrifícios serão bem maiores. Além do aluguel ou da prestação do imóvel, surgem despesas mensais com condomínio, luz, internet, só para citar as mais básicas.

Morar com a sogra não é uma opção agradável, nem pra você, nem pra ela. Por isso, é fundamental traçar uma estratégia que tenha começo meio e fim.

Não é justo que os pais sacrifiquem as economias para facilitar a vida dos filhos, a não ser que esse dinheiro não lhes faça falta alguma. Por mais que eles sintam prazer em ajudar, eles poderão precisar desses recursos no futuro. Longevidade custa caro e as pessoas estão vivendo cada vez mais. Preserve os recursos dos pais. Comece, aos poucos, a construir seu próprio patrimônio, mesmo que isso implique adiar o casamento e/ou lhe obrigue a uma vida num padrão mais modesto. É fundamental fazer contas. Só assim você conseguirá dimensionar o custo real de uma vida sem o subsídio dos pais.

Sua decisão de casar já vai criar problemas existenciais suficientes para ocupar as mentes de seus pais. Ter que cuidar de suas finanças só vai deixá-los mais longe das soluções para esses problemas. A vida sem os filhos em casa é uma nova etapa. O ideal é que o único trabalho dos pais seja conduzir os filhos até o altar. Parece radical? Pode ser. Mas você não tem ideia do bem que isso fará ao seu casamento. Comece a vida de casado em bases bem realistas.

Quando o amor custa caro

Ela teve uma ótima educação, estudou nas escolas da elite paulistana, cursou a universidade na Suíça, mas voltou para o Brasil para começar sua carreira nas empresas da família. Administradora formada com as melhores notas numa escola de negócios que está no topo do *ranking* internacional, sempre foi o orgulho do pai. Seria sua sucessora, não restava a menor dúvida, e o admirado empresário brasileiro, que construiu um império a partir de um pequeno negócio no interior de São Paulo no século passado, sentia-se realizado.

Tão logo desembarcou no Brasil, conheceu sua alma gêmea. Foi numa festa que amigos em comum produziram para comemorar sua volta. Conversaram toda a noite e descobriram muitas afinidades. Ele também era administrador e havia se formado numa renomada universidade em São Paulo e também feito doutorado no exterior. Eram muito parecidos e com ambições profissionais semelhantes. A não ser por um detalhe: ele era pobre.

Bem, se considerarmos a pirâmide brasileira, ele estava no andar de cima. Mas comparado às posses do pai dela, ele era quase um pedinte. Ok, exagerei um pouco.

O relacionamento avançou e em um ano já estavam preparando o casamento. Ocupada com os detalhes da festa, lista de convidados, cardápio e bem-casados, ela quase esquece de lhe dar um recado: "Papai pediu que você fosse almoçar com nosso advogado para resolver a documentação do casamento".

Infidelidades Financeiras

Ele estranhou, a princípio, afinal acreditava que todo o trâmite burocrático já estivesse resolvido e o casamento seria no próximo mês. Mas foi almoçar com o advogado da família num elegante restaurante nos Jardins.

Quando chegou no horário combinado, o advogado o aguardava. Ele já o tinha visto algumas vezes na casa da família dela, mas nunca trocaram mais do que cumprimentos formais. Foi assim também o começo da conversa no restaurante.

Agora ali, frente a frente com o sujeito, ele ouvia os reais motivos para o qual foi convocado. Depois de muita enrolação e justificativas, o advogado foi ao ponto: era preciso fazer um acordo pré-nupcial.

Ele olhava o homem de terno impecável falando sem parar e permanecia incrédulo. Então eles achavam que ele estava de olho na fortuna da moça?

Ficou chocado. E não pensou em nada quando fechou o punho e acertou em cheio o rosto do advogado para espanto de todos que almoçavam elegantemente num dos pontos mais caros aos paulistanos.

Quem me contou o ocorrido foi o advogado esmurrado, que já está acostumado a cenas de choro e ranger de dentes, pois trabalha num escritório com tradição de cuidar e preservar os interesses das famílias brasileiras mais abastadas. Mas era a primeira vez que sentia na face o peso do descontentamento de um noivo.

O casamento acabou ali, no almoço. O rapaz sentiu-se ultrajado com a proposta em todos os seus termos, levantou-se, saiu do restaurante e da vida da princesa paulistana.

É muito comum que, quando confrontados com essas questões práticas, os noivos fiquem melindrados. Certa vez, consolei uma amiga que passava por situação semelhante, mas no caso a pobre era ela. Chorava copiosamente porque se sentia inferiorizada e, pior, o noivo e a família achavam que ela estava interessada apenas na fortuna dele.

Claro que romântico não é, mas um acordo pré-nupcial é o item mais importante do enxoval quando os noivos têm muitas posses.

Talvez você nunca tenha parado para pensar sobre isso, mas deve conhecer alguém que sonha em dar um tiro certeiro se casando com uma pessoa muito rica. Ocorre que, em alguns casos, esse tiro pode sair pela culatra.

Casar por interesse financeiro pode causar vários problemas. Agora, tocaremos em apenas um ponto específico, que é o efeito deletério desse tipo de união.

A expectativa de ter um padrão de vida muito superior depois do casamento pode colidir, por exemplo, com os planos profissionais nutridos antes da união.

Lembro de um caso de uma atriz que abandonou a carreira para se mudar para a Europa com o marido, um endinheirado jogador de futebol. O caso foi noticiado pelas colunas de celebridades na imprensa brasileira. Algum tempo depois veio o divórcio. Como fica a situação de quem abandonou a carreira? Havia um contrato pré-nupcial? Em casos assim é muito recomendado que essas questões sejam resolvidas antes do casamento. Afinal, como fica a moça que deixou o emprego para seguir o marido? Para isso serve um acordo pré-nupcial, para proteger os dois.

Mas há outras questões. Enquanto não experimentamos padrões de riqueza acima dos que estamos habituados, nos sentimos satisfeitos com o que temos e comemoramos todo e qualquer avanço. Quando aumentamos muito nosso padrão de vida, incorporamos hábitos que nos eram desconhecidos. No caso de uma ruptura, o sofrimento irá muito além da questão amorosa. Deixar de desfrutar de viagens cinematográficas, presentes valiosos, jantares suntuosos, casas luxuosas vai multiplicar o sentimento de perda.

Então, casamentos entre o plebeu e a realeza são sempre desaconselháveis? É claro que não. Sou sempre a favor do amor. Mas para que ele sobreviva a esse choque de luxo e riqueza é preciso ter cuidado.

Pode então namorar alguém mais rico? Pode. E alguém mais pobre? Também pode. O fundamental é ter equilíbrio e manter os pés no chão. É perfeitamente possível viver um namoro com tudo de bom que ele traz sem precisar fazer malabarismos financeiros.

Infidelidades Financeiras

O dinheiro não pode ser um tabu logo na partida. Talvez você não se sinta à vontade para falar sobre o tema com alguém que conheceu há pouco tempo, mas lembre-se de que nessa fase terá menos a perder, pois o envolvimento ainda é pequeno.

Se conseguirem falar sobre dinheiro desde o início e estabelecerem metas e regras básicas para viver bem, sem comprometer a saúde financeira, estarão dando um grande passo. Ao menos não estarão quebrados se o relacionamento chegar ao fim. Tentem, portanto, se enquadrar a um padrão de gastos saudável.

Mesmo quando ambos têm o mesmo poder aquisitivo é preciso ter cautela. Deve-se levar em conta a educação financeira que cada um carrega. Os hábitos das famílias podem ser bem distintos. Portanto, atenção. Se um nasceu na família do senhor "gasto tudo e amanhã pago com juros", cuidado com o contágio. O mesmo conselho vale se a família do outro tem o padrão de gastos do Tio Patinhas. O equilíbrio é o melhor caminho.

Quando o dinheiro vem do berço dela, as chances são enormes da família desconfiar do golpe do baú, uma preocupação recorrente dos pais de moças ricas. O melhor é ela se adequar ao padrão de vida dele. Ele não precisa levá-la para morar no subúrbio ou pegar o trem das onze. Mas, deve se limitar a um cinema, um teatro, uma visita a um museu, enfim, algo que esteja ao alcance do bolso.

Abusar do cartão de crédito na tentativa de igualar o padrão de renda vai se revelar um erro fatal para a relação. E, convenhamos, deixar que ela pague sozinha a conta também não é de bom-tom. Eventualmente, isso poderá acontecer. Mas só se ela sentir uma vontade irresistível de fazer determinado programa caro. Mas cuidado para não deixar a exceção virar regra.

Quanto aos presentes, é melhor ser criativo. O caminho da criatividade é mais barato e fará mais efeito.

Quando é ele que tem o dinheiro, muita atenção. Alerta máximo! Mulheres costumam se envolver mais rápido e profundamente nos relacionamentos, mesmo quando ele não tem um centavo sequer. Se ele é rico, ficará ainda mais parecido com um príncipe encantado, com grandes chances de ela embarcar nesse conto de fadas. Nada de errado. Mas ela deve se lembrar que:

1. o cartão de crédito não é uma fada madrinha;
2. o dinheiro é dele, não dela;
3. ela já vivia antes de ele aparecer.

Para viver um grande amor, o relacionamento do casal com o dinheiro tem que ser construído de acordo com:

1. as necessidades;
2. os objetivos;
3. as possibilidades.

Esses três aspectos começam a se ajustar durante o namoro.

A Ciumenta em Barcelona

Adorava voar. A parte aérea da viagem era tão ou mais importante que o destino. Descobriu um voo direto para Barcelona de uma companhia famosa por mimar os passageiros. Não pensou duas vezes, uniu a fome à vontade de comer. Afinal, Barcelona significava mais que um destino, era o lugar de inspiração de artistas que amava.

Lá estava ela em seu habitat natural, taça de vinho no console da poltrona e nas mãos "*A Sombra do Vento*", de Zafón. Sentia-se como pinto no lixo. Mas, por um momento, teve a impressão que a exótica comissária de bordo dispensava demasiada atenção a seu marido. Trocou de lugar com ele. Ao menos assim ela seria uma barreira a evitar a proximidade entre os dois.

Escolheu um hotel perto das *Ramblas*, onde poderia tomar café da manhã admirando a fachada do Palácio *Güell*. No primeiro dia decidiu visitar o Museu Picasso. Caminharam pela *Carrer de Ferran*. Sentia-se com sorte. Naquela temporada, ao acervo original do museu, somaram-se outras obras do mestre do cubismo. Fascinada, admirava as pinturas, quando notou que seu marido se detivera diante de um quadro. "*Dos desnudos y un gato*", indicava a plaqueta. Olhando para ele, lembrou-se que Picasso fora um mulherengo inveterado e sentenciou, "*os homens são todos iguais*". Ele fingiu não entender.

No segundo dia, pegaram o trem para Figueres. Destino: Museu Dali. Talvez o mestre do surrealismo a ajudasse a decifrar o estranho sonho de traição que tivera na noite anterior. Segurou o choro de emoção ao ver a fachada vermelha e os ovos gigantes intercalados com estátuas douradas no topo do museu. As esculturas, os quadros, as instalações, a arquitetura, tudo ali tocava seu coração profundamente. Já na saída da loja de souvenires do museu, viu seu marido pegar do chão um folheto e entregá-lo à jovem que o deixara cair. "Merci, monsieur", agradeceu a jovem. "Je vous en prie", respondeu o marido, que, imediatamente, sentiu o peso do seu olhar de reprovação. No trem, de volta à Barcelona, foram poucas as palavras trocadas entre os dois.

Para amenizar aquele clima, ele sugeriu um jantar no centenário restaurante *7 Portes*. Depois de pedir a tradicional *paella parellada*, ele comentou que aquele lugar costumava ser frequentado por Picasso e por Dali, que, por sinal, eram grandes amigos. E, em tom de brincadeira, disse que gostaria de fazer uma viagem ao passado para encontrar todos os famosos modernistas que por ali passaram, como no filme "*Meia-noite em Paris*". A princípio, ela se divertiu com a ideia. Mas logo depois se lembrou que Gil, o personagem do filme, acaba abandonando a noiva, no presente, preferindo viver no passado. Tomou dois longos goles de vinho para afastar os pensamentos ruins.

Afinal, chegou o dia de conhecer a Sagrada Família. Católica fervorosa, considerava aquele o ápice da viagem. Não deixaria de pedir a proteção divina para manter seu casamento. Cada detalhe daquele grandioso templo guardava um significado impresso por Gaudi. Significado que ela, a cada passo, com a ajuda do guia, ia decifrando. O sentimento do sagrado enchia seu coração. Mas, ao olhar seu marido de pé na nave central admirando o crucifixo suspenso sob o baldaquino, lembrou-se da canção favorita de seu pai, um amante de João Gilberto assim como ela:

"Aos pés da Santa Cruz
Você se ajoelhou
E em nome de Jesus
Um grande amor você jurou

Jurou, mas não cumpriu
Fingiu e me enganou
Pra mim você mentiu
Pra Deus você pecou"

O excesso de ciúme pode destruir um casamento; a inveja exacerbada destruirá sua vida financeira. O ciúme é o medo de perder o que se ama para o outro; a inveja é o desejo por aquilo que pertence ao outro. O ciúme assim como a inveja são sentimentos destrutivos. Não os subestime.

Quantas vezes você já pautou seus gastos por inveja? Se endividou para comprar aquele carro, aquela roupa, fazer aquela viagem, motivado por *posts* de amigos ou conhecidos no *Facebook* ou no *Instagram*? Ou se deixou seduzir por propagandas que associam a felicidade ao fato de ter ou fazer alguma coisa?

Antes de responder reflita. Esse assunto é tão sério que costuma ser com frequência alvo de estudos de economistas comportamentais. Um caso clássico, que costuma ser citado em livros que tratam do tema, mostra pesquisas feitas nos Estados Unidos com pessoas que mudaram para bairros melhores. É de se imaginar que com a melhora no padrão de vida o índice de bem-estar da família melhorasse. Certo? Errado.

Ao viver num bairro mais afortunado, o que prevalece é o sentimento de inferioridade, dado que os parâmetros de riqueza mudam. Ou seja, não é a riqueza absoluta que conta, mas a riqueza relativa: você tende a sempre se comparar com o outro, o que o velho ditado traduziu como "a grama do vizinho é sempre mais verde".

Assim como o ciúme irracional certamente destruirá o bem-estar de seu relacionamento, a inveja vai destroçar suas finanças mais cedo ou mais tarde.

Daí a importância de planejar seus objetivos financeiros, de estipular metas claras e objetivas para o curto, o médio e o longo prazo. Com isso, diminuem as chances do consumo por impulso ou motivado pela inveja.

O estudo das finanças comportamentais explica como tomamos nossas decisões financeiras, que fatores as influenciam. O autoconhecimento é fundamental também na gestão financeira.

Pode parecer óbvio, no entanto, nem sempre percebemos os sentimentos influenciando nossas decisões. É preciso ter alguma vivência para conter tais impulsos ou, em casos mais patológicos, a ajuda de um profissional da área de psicologia.

A atual queda sem precedentes da taxa SELIC dificultou sobremaneira a obtenção de rentabilidade nas aplicações financeiras de renda fixa. No entanto, os juros cobrados pelas instituições financeiras para financiamento não refletiram essa queda. Eles continuam nas alturas. Isto só aumenta a importância da racionalidade no momento do consumo.

Outra consequência da queda da taxa básica de juros foi a fuga para os investimentos de maior risco. Muitos começaram a operar no mercado de ações sem a real noção dos riscos envolvidos. Motivados, muitas vezes, pela inveja dos resultados anteriormente obtidos por amigos e conhecidos, desprezando o mantra do mercado financeiro: "comprar na baixa e vender na alta".

Não é à toa que, hoje, muitas decisões de operações no mercado financeiro são tomadas por robôs (algoritmos dotados de inteligência artificial), o que elimina os fatores emocionais.

Felizmente, não somos robôs. Ao contrário deles, somos dotados de sentimentos e é bom que assim seja. Mas, para nosso bem, devemos sempre procurar controlar sentimentos destrutivos, como o ciúme e a inveja, seja por autocontrole, seja com a ajuda de um profissional.

Sou uma ciumenta, mas, mesmo eu, do alto da minha confissão, reconheço que é um sentimento que já não fazia sentido no século 19, imagine em pleno século 21, em que homens e mulheres definitivamente não têm outro motivo para estarem juntos além do querer.

Divórcio não é mais um tabu, o casamento não é uma obrigação e hoje se vê inclusive muitos formatos de relacionamentos abertos. O ciúme definitivamente não é, portanto, algo racional. Nunca foi, na verdade, mas está aí mais vivo do que nunca atravessando séculos.

Sendo bem prática, por que manter casamentos que não despertam mais interesse? Porque a separação é custosa demais. Arrasta-se a relação por anos, décadas a fio, apenas por medo da divisão dos bens ou da queda no padrão de vida.

Casamento com separação total de bens é uma receita que ajudará muito na hora de cada um seguir o seu rumo, ainda que seja um anticlímax, pois quem casa pensando em se separar? Os planejadores financeiros em grande parte recomendam essa rota na hora de assinar o contrato de casamento, pois é um cuidado que sempre deixará tudo no seu devido lugar e ninguém precisará arrastar um casamento por medo de dividir o patrimônio.

Mas como fica o patrimônio do casal? Simples. Tudo, rigorosamente tudo, será dividido de cara. Comprou um imóvel? Cada um terá a fatia que lhe cabe proporcional ao que aportou financeiramente para essa conquista. E assim com tudo que for formando ou melhorando o patrimônio. Esse cuidado evitará injustiças e vai tirar do relacionamento o peso das questões financeiras.

Há um porém nessa receita: o que acontece quando um dos dois não tem um trabalho remunerado?

Vamos esclarecer primeiro que o fato de não ter uma remuneração não significa necessariamente que não houve contribuição para a conquista do objetivo. O desembolso pode não ter sido monetário, mas pode ter sido feito de várias outras formas.

Pense, por exemplo, na reforma de um imóvel. Você não investiu nenhum centavo na obra, mas ficou responsável por administrar todo o trabalho que fez: empreiteiro, arquitetos, pedreiros e tantos outros profissionais. Quanto vale este serviço?

Outro exemplo clássico: donas de casa. Elas não são remuneradas, mas alguém tem a mínima dúvida de que esse trabalho vale ouro? E aqui um pensamento que é filosofia para a vida toda: o combinado não sai caro.

Se essa é a decisão do casal, que ele ou ela ficará em casa cuidando da prole, então que seja acordado a parte que cabe ao dependente financeiro.

Talvez, ao final dessa conversa, vocês cheguem a um desfecho diferente do que pensado inicialmente, porque depender financeiramente de alguém tem um custo maior do que as cifras conseguem medir.

O caso das donas de casa é clássico, mas longe de ser o único. Há vários motivos que podem levar um dos dois a ter que ficar sem trabalhar por um período, breve ou não. E essas questões precisam ser resolvidas antes que virem um problema.

Os planos de previdência podem ser um grande aliado nesses casos. Vamos falar detalhadamente sobre esses planos mais à frente, mas aqui vamos ressaltar que previdência, nesse caso, não é sinônimo de aposentadoria. Eles podem ser bastante úteis num planejamento financeiro para reverter em renda para quem for ficar um período sem trabalho remunerado.

Veja, se um dos dois planeja um ano sabático pode se preparar fazendo um plano que reverterá em renda no período em que estiver sem remuneração. Para isso, é necessário planejar com antecedência, a fim de formar o patrimônio necessário a ser convertido em renda futura.

Planejamento, alinhamento de interesses e transparência são ingredientes que farão desaparecer muitos dos problemas e desafios que os relacionamentos enfrentam.

A Nervosinha em Florença

Imagine um planejamento perfeito para uma viagem romântica. Os mínimos gastos foram previstos e planilhados. Mas o orçamento da viagem era uma preocupação exclusiva dele. Ela tinha outras prioridades, como pensar em surpresas românticas para tornar o casamento uma sucessão de dias, meses, anos inesquecíveis. Uma contínua e eterna celebração do amor. Em sua concepção, romance não combinava com dinheiro. Compreensível, concorda?

Encontrariam-se em Milão, ele vindo de São Paulo, ela de Nova Déli. Não, ela não era indiana. Era brasileira como ele. Encerrava, em Milão, uma viagem à Índia com algumas amigas e, então, emendaria um giro romântico pela Itália, só ela e o marido. Chegara alguns dias antes dele, a tempo de aproveitar os primeiros dias da liquidação de verão, a prestigiada *saldi estivi a Milano*. Vinha a calhar, sua mala se extraviara em uma das conexões da viagem pela Índia. Ficou restrita a sáris, batas e umas poucas roupas ocidentais.

Enquanto ela renovava o guarda-roupa em Milão, ele, durante o voo, conferia na planilha os gastos com combustível, pedágio, alimentação. Bilhetes de museus e de teatros, hospedagens e o aluguel do carro haviam sido pagos antecipadamente. Não encontrou erros. Sentiu-se orgulhoso.

Tinha ingressos para a ópera no *La Scala* naquele mesmo dia da chegada. Com o atraso do voo, encontraram-se no teatro, onde ela já o esperava.

A viagem corria às mil maravilhas. Ela esfuziante com as paisagens, os museus, os passeios, as roupas novas. Ele feliz, mas

Infidelidades Financeiras

sempre conferindo os gastos na planilha. Passaram por Veneza, Bolonha, chegaram a Florença. Escolheram um restaurante para jantar. Para uma linda noite estrelada, um lugar a céu aberto. Pediram a comida. *"E para beber, senhor?"*, perguntou o garçom. *"Água... com gás, por favor"*, respondeu ele. *"Mas... e o vinho?"*, questionou ela. Depois de um longo suspiro, ele iniciou sua difícil argumentação: *"Andei examinando a planilha e vi que extrapolamos. Sem vinho hoje"*. Naquele instante, que lhe pareceu infinito, o céu estrelado se apagou, ela sentiu a terra tremer e uma fenda se abrir sob seus pés, sugando todos seus sonhos românticos. Lágrimas começaram a rolar mansamente em sua face sob o olhar piedoso do garçom. Mas conteve-se, não levantou voz, não brigou. O jantar transcorreu em profundo silêncio.

Dormiu mal, acordou inconformada. Tinha que se vingar. Na programação do dia, uma caminhada à *Piazzale* Michelangelo, um mirante de onde se vê toda a Florença. O trajeto de quatro quilômetros incluía, é obvio, uma subida que, sob o sol da Toscana, tornava a caminhada exaustiva. Fazia muito calor.

Ela caminhava ligeiro, sempre à frente dele. Não queria conversa, não queria companhia, não queria água. Sim, pretendia ficar desidratada. Não beberia uma gota d'água até desmaiar e ter que ser levada a um hospital. Ele, que economizara não pedindo o vinho na noite anterior, agora teria que gastar com soro. Ele, que se mostrara irredutível no restaurante, agora suplicava que ela tomasse um gole d'água. *"Quer sorvete? Quer suco? Beba um pouco d'água"*, implorava ele. *"Não, não e não. Quero soro"*, pensava ela.

Viagens românticas podem renovar relacionamentos ou acabar com eles, como um tiro de misericórdia.

Ceteris paribus, ou seja, se considerarmos exclusivamente as questões financeiras da viagem, tudo pode ser resolvido com um planejamento em que os dois participam das decisões. Dessa forma, as expectativas ficam alinhadas.

A Nervosinha em Florença, por exemplo, desejava uma viagem cinematográfica, *una dolce vita* com seu Marcello Mastroianni, enquanto ele queria que ela tivesse o mínimo de consideração com suas preocupações orçamentárias. Afinal, a vida segue após a viagem, e é bom que o orçamento do casal continue sob controle. No entanto, ambos demonstraram insensibilidade: ela pelo descaso com o orçamento familiar, ele por ser inflexível. Afinal, custava pedir um vinho baratinho, o vinho da casa? Aposto que desceria como um belo *Brunello*, naquele clima romântico.

Alinhar expectativas é um caminho seguro para salvar não apenas viagens, mas o relacionamento, de dissabores financeiros.

Há casamentos que começaram a desmoronar, por exemplo, já na primeira compra de supermercado. Você consegue imaginar o que é um carrinho deslizando pelos corredores do supermercado com duas pessoas, lado a lado, colocando cada qual o que considera essencial? Faça o teste e verá o tamanho da conta. Para evitar este tipo de situação, o casal, ao sair para as compras, deve ter, em mãos, uma lista previamente combinada. Isto se chama *alinhar expectativas.*

Estar em sintonia quanto aos desejos é fundamental para casados, noivos ou namorados. Comprar ou alugar uma casa? Viver no Brasil ou no exterior? Ter ou não filhos? São exemplos de decisões que envolvem aspectos financeiros relevantes.

Os opostos se atraem. Se atraem? O casal viajante poderia ser um exemplo de que os opostos se atraem. Essa é uma figura roubada do eletromagnetismo. Mas também na física, mais especificamente na mecânica, há uma lei que estabelece que forças de mesma intensidade, mesma direção e de sentidos opostos se anulam.

O embate contínuo de expectativas pode levar ao fim um relacionamento. Nesse sentido, o que um dia foi a promessa de amor eterno, de planos sedutores para uma vida inteira, morre no caminho e é sepultado por mágoas e tristezas.

Como evitar esse desfecho? Com muita conversa e foco na transparência.

Quando se trata de dinheiro, uma receita eficiente é estabelecer metas em conjunto e conversar francamente sobre como atingi-las, combinando a capacidade de contribuição de cada um. Encontrar, enfim, o sentimento de cumplicidade.

Um amor, uma paixão...

Levava uma vida sossegada. Chegara aos quarenta com um patrimônio considerável. Tinha um excelente emprego, que lhe dava, além de uma polpuda remuneração, prestígio e reconhecimento. Estava resolvida profissional e financeiramente. Porém, não tinha sorte no amor.

Teve namorados, mas nenhuma paixão. Talvez seu foco no trabalho prejudicasse os relacionamentos amorosos. Era muito competitiva, e isso certamente afastava os homens.

Metódica, mantinha uma rotina de exercícios físicos pesados. Musculação, corrida. Participava de meia-maratonas e estava sempre se esforçando para melhorar suas marcas. Contratou um *personal trainer*. O rapaz, dez anos mais novo que ela, muito competente, passou a fazer parte de sua rotina. Treinavam três vezes por semana. Corriam regularmente no Parque Ibirapuera. Treinos que terminavam, invariavelmente, em sessões de alongamento.

As conversas eram boas, divertidas. Ele era inteligente, gostava de ler, falava sobre assuntos novos para ela. Alimentação saudável, os benefícios da ioga, o prazer do contato com a natureza. Convidou-a para fazer uma viagem para o litoral paulista onde iriam correr na praia. *"Vem com a gente no próximo fim de semana, já está tudo organizado"*, propôs sorrindo.

Aquela seria a primeira das muitas viagens para corridas que fizeram juntos. Já não sentia mais a pulsão pela competição, nem nas corridas, nem no trabalho. Ele mudara sua vida. Enfim, estava apaixonada.

Infidelidades Financeiras

Ele morava com os pais, num bairro distante do dela em São Paulo. Usava uma *scooter* para se deslocar. Meio de transporte ágil para atender todos os alunos sem perder tempo no trânsito, sempre pesado.

Ela propôs que ele se mudasse para seu amplo apartamento com vista para o parque. Para substituir a *scooter*, deu-lhe de presente a BMW R1200 RT tão desejada. Em sua garupa, partiam para as trilhas, colados, corpo-a-corpo, sentindo o vento no rosto. Usou seus relacionamentos para que ele entrasse como sócio numa academia de *crossfit* no seu bairro.

A vida corria às mil maravilhas. Gostavam de reunir os amigos em casa, queriam compartilhar a felicidade que sentiam. Numa dessas reuniões, sem ser notada, observava seu amado conversando com um de seus velhos camaradas da academia do bairro onde viviam seus pais. *"Viajar para a Europa, só de executiva, tomando champanhe. Não suportaria mais aquele aperto da econômica"*, ouviu ele dizer, com a maior naturalidade.

Quando a desigualdade financeira bate à porta é um problema? Namorar, casar, enfim, se relacionar com alguém alguns degraus abaixo ou acima do seu perfil financeiro é perfeitamente normal. Mas exige cuidados.

No caso da nossa heroína, além de mais rica, era também mais velha do que seu príncipe encantado.

Tal quadro envolve tantos estereótipos que é preciso tomar muito cuidado para que preconceitos não acabem por liquidar uma verdadeira história de amor.

Deveria nossa protagonista abrir mão das juras e planos de seu amado porque ele não tinha tanto conforto financeiro quanto ela? Óbvio que não. Algumas providências devem ser tomadas, contudo. E o objetivo é a proteção dos dois e do próprio relacionamento. Está claro que viajar de executiva só era possível porque ela bancava. Mais uma vez, nada, rigorosamente nada de mal nisso. Faz sentido que uma mulher bem-sucedida, sem grandes obrigações e acostumada a viajar em cabines mais caras se prive do conforto para acompanhar o amado na econômica? Ou, ainda, que eles viajem sozinhos, cada um em sua cabine? Estamos em pleno século 21 e não há nada, rigorosamente nada, de errado em uma mulher custear os passeios e outros mimos do casal, se ela dispõe de caixa para tanto.

Esta, aliás, tende a ser uma situação cada vez mais corriqueira, uma vez que o número de mulheres bem-sucedidas no trabalho é cada vez maior.

Mas, independentemente de quem está no degrau superior da escala financeira, o casal deve se assegurar que uma espécie de manual de conduta seja adotado por ambos, não importando quem financia. Acostumar-se ao conforto é muito fácil, como deixa claro o marido embevecido da nossa crônica. Ele nem sequer se dá conta de qual seria o custo de uma passagem para cruzar o Atlântico de executiva, afinal nunca precisou se preocupar em saber o preço, a mulher sempre tratou de tudo. Por isso, trata o assunto naturalmente, como se tivesse nascido na classe executiva.

Então, vamos lá. Aqui estão cinco passos que, se bem dados, deixarão o caminho livre de dissabores para o casal.

1. Nunca perca de vista o seu real padrão de vida – Você pode até se acostumar ao conforto financiado pelo parceiro ou parceira, mas lembre-se sempre de quem está pagando a conta e não perca nunca de vista qual é o seu real padrão de vida. Ou seja, aquele que você consegue financiar com os seus próprios recursos.

2. Regularize – Conforme o tempo passa e o relacionamento avança, procure um advogado para regularizar a vida a dois. Não é necessário se casar, embora festas de casamento sejam uma delícia, mas é de bom-tom para ambos que fiquem registradas as condições, direitos e obrigações financeiras de cada um. Pelo Código Civil, mesmo que não esteja casado legalmente, os direitos e deveres de casais que vivem juntos são válidos perante a justiça.

3. Atenção à sua autonomia – Quanto maior a diferença de renda entre um e outro, maior a tentação de quem ganha menos abandonar o trabalho remunerado. Afinal, sua receita será uma fatia ínfima dos ganhos da sua cara-metade e não fará diferença para o padrão de vida do casal. Isso pode ser verdade, mas talvez o valor do seu trabalho não se meça apenas pela quantidade de moedas que você coloca na bolsa. Ter autonomia financeira tem um peso maior do que as cifras envolvidas.

4. Deixe as famílias fora da relação – Se em condições normais de temperatura e pressão a interferência familiar já cria nós difíceis de serem desatados, imagine numa situação em que uma das partes está um degrau financeiro acima. Tentar ajudar sua família com os recursos do outro não resolverá os problemas da sua família e ainda criará várias dificuldades para você. Muita atenção aqui, porque a tentação será grande, e a cobrança por parte da família também.

5. Divida as despesas – Este é um passo dificílimo, porque dependendo da diferença do padrão de vida de cada um, assumir um rateio dos custos da casa pode se mostrar inviável. Mas há algumas alternativas. Uma delas é dividir proporcionalmente a renda de cada um. Outro é estabelecer quais gastos ficam a cargo de quem. O importante é conversar sobre isso e que ambos se sintam contribuindo para a engrenagem familiar. Cada casal achará a solução que melhor atende ao seu perfil.

Infidelidade financeira

Eles não eram nada parecidos. Ele, impulsivo e empreendedor; ela, prudente e conservadora. Conheceram-se na "chopada" dos calouros da Faculdade de Direito. Ela, recém-ingressa em Direito; ele, no último ano de Administração.

As diferentes personalidades eram explicáveis. Ela, depois de presenciar as agruras da falência dos negócios do pai, prometera nunca empreender na vida. Ele, filho de Desembargador do Tribunal de Justiça, detestava a vida burocrática do pai.

Casaram-se tão logo ela passou no concurso para a Defensoria do Estado. Afinal, seu sonho da estabilidade financeira lhe parecia alcançado. Na época, ele trabalhava em uma multinacional de bebidas, mas se sentia desmotivado. Queria empreender, ter seu próprio negócio.

Depois do nascimento do primeiro filho, ele não aguentou mais e pediu demissão. Queria criar uma importadora de vinhos. Já se imaginava na Europa, negociando e degustando os melhores e mais famosos vinhos do mundo. Bem que ela tentou, mas não conseguiu conter o ímpeto do marido.

Com o conhecimento que havia acumulado no setor, convenceu um colega de faculdade, sócio de uma gestora de *Private Equity*, a injetar o capital necessário para abrir a importadora, mas ganhou de presente um CEO indicado pela gestora.

Não havia um dia em que ele não chegasse em casa esbravejando contra o CEO. Tinham visões diferentes quanto ao rumo dos negócios. Enquanto ele planejava criar uma loja de vinhos sofisticados associada a um restaurante de alta gastronomia,

Infidelidades Financeiras

o CEO insistia em alugar um galpão para armazenar vinhos populares para vender a supermercados.

Paciente, ela ouvia as reclamações do marido e tentava acalmá-lo. Até o dia em que ela notou que o humor dele melhorara, andava mais sorridente. Quis saber a razão. Ele disse que resolvera o problema com o CEO. Ela se deu por satisfeita.

Alguns anos se passaram. A vida seguia tranquila, ela satisfeita com a rotina de servidora pública, ele tocando seu negócio. Numa manhã, ela estava se preparando para levar as crianças ao colégio e o interfone tocou. O porteiro anunciou que um oficial de justiça queria entregar uma notificação para seu marido. Ela estranhou, mas desceu para ver o que era. Recebeu a notificação. Não conseguiu se conter, abriu-a. Tratava-se de uma execução judicial. O valor: algumas centenas de milhares de reais. O coração disparou, lembrou-se das trapalhadas do seu pai, da sofrida falência da empresa da família. Pegou o celular para ligar para o marido, mas desistiu. Estava muito nervosa, preferiu raciocinar um pouco. Deu graças a Deus pelo fato de ele ter viajado para participar da *Bordeaux Fête le Vin*. Se ele estivesse em casa, ela teria armado um escarcéu. Decidiu não tocar no assunto até que ele voltasse ao Brasil.

Ele estranhou a frieza da recepção. *"Precisamos conversar"*, disse ela em tom seco, mostrando-lhe a notificação judicial. *"Não esperava que eles fizessem isto comigo. Afinal, isso é dinheiro de pinga pra eles"*, ele disse. *"É, mas fizeram"*, retrucou ela impaciente.

Então, titubeante, ele deu início às explicações. Como não conseguia se entender com o CEO, foi ao seu amigo, sócio da *Private Equity*, pedir que ele fosse retirado. Não conseguiu convencê-lo. Inconformado, anunciou ao amigo que compraria as quotas pertencentes à gestora. E assim foi feito, assinou, ali mesmo, um contrato onde ficou estipulada a forma de pagamento: dois anos de carência e pagamentos anuais, durante dez anos.

"Mas você fez isso sem me consultar!", disse chorando. E emendou, *"além de tudo, faz três anos que você não paga as prestações! Você sabe o que é isso? Isso é traição!"*. Ele, com um olhar fixo, não emitia um som.

Infidelidade financeira

Estiveram prestes a se separar. Mas ela decidiu segurar aquela barra. Contrataram um advogado para tratar da execução e um planejador financeiro, que se tornaria o mediador das contendas financeiras do casal.

Demorou alguns anos até que as contas da família fossem equilibradas, mas o casamento foi salvo. E, agora, sempre que ela recorda tudo o que passou, o mesmo refrão lhe vem à cabeça.

"E quem um dia irá dizer que existe razão nas coisas feitas pelo coração?

E quem irá dizer que não existe razão?"

Você deve saber de cor os votos do casamento, não sabe?

"Prometo ser fiel,
Amar-te e respeitar-te
Na alegria e na tristeza,
Na saúde e na doença..."

Mas será que você tem noção da extensão dessa promessa de fidelidade?

Os romances estão cheios de histórias de traições, mas são poucos os que tratam de traições financeiras. Talvez você encontre algo do gênero em *"A Comédia Humana"*, de Balzac.

No entanto, esse tipo de traição é bem mais frequente que aquela outra que nos vem à mente de maneira imediata. É mais frequente, porque, a princípio, não damos a ela a importância devida.

Como evitá-la? Pactuando como será a relação financeira do casal. Mais uma vez recorro à velha máxima: "o combinado não sai caro".

O que deve ficar esclarecido? Tudo o que diz respeito a receitas e despesas comuns e individuais. Inclusive pactuando, *a priori*, as informações secretas que serão mantidas, como, por exemplo, o quanto cada um ganha.

O que deve ser sempre evitado? Assumir obrigações que comprometam de forma severa o patrimônio comum sem o conhecimento do outro. Se for inevitável, deve-se adotar o caminho da separação total de bens, o que pode ser feito mesmo após o casamento, através da mudança do regime de bens.

É muito comum que, ao se apaixonar por alguém muito diferente de você, surja a esperança de aceitar o ser amado como ele é. Quando se trata de incompatibilidade financeira, o amor não basta, é fundamental uma forte dose de pragmatismo de ambos para que sejam feitas concessões e seja criada uma estratégia realista para que a relação não vire um poço de mágoa.

Pode ser que, por amar muito alguém, você comece a fazer concessões e tente, aos poucos, mudar seu jeito. Mas essa atitude envolve riscos, como:

- O outro achar que você não fez o suficiente;
- Abrir mão dos seus sonhos só para agradar o outro e terminar se frustrando;
- Não enxergar uma contrapartida satisfatória para o esforço que está fazendo investindo na relação;
- Os prazeres e romantismo sucumbirem ao pragmatismo.

Unidos pela crise...
no mercado de ações

A vida era tranquila no apartamento do Sumaré, um oásis da classe média paulistana. O casamento, de mais de dez anos, corria sem sobressaltos ou dissabores, mas carente de entusiasmo. Notava-se ali um romantismo pragmático, salpicado com um cineminha nos fins de semana, de vez em quando um jantar num restaurante, muito raramente um show ou uma boate, programa que ela adorava, mas que ele achava cansativo.

Ele quase nunca se curvava às vontades dela. Quando conseguia vencer tanta resistência, ela sentia o coração saltar de alegria como nos tempos de namoro. Estava satisfeita, acostumara-se a não exigir muito mais da vida.

Num sábado, saíram para jantar com um amigo dele do trabalho e sua mulher. Entre taças de vinho, o camarada lhe contou o quanto estava ganhando no mercado de ações. "Daqui a pouco não vou precisar mais trabalhar".

Apesar de todo vinho, naquela noite ele não conseguiu pregar os olhos. Sua cabeça era uma confusão de números. Pensava onde cortar no orçamento doméstico para entrar de cabeça no mundo das ações. Lamentava o tempo perdido e projetava o ganho futuro.

Começou eliminando os jantares em restaurantes. Reduziu o cineminha a uma ida mensal e sem pipoca. Entrava em pânico quando ela sugeria um show ou uma boate.

Baixou um aplicativo para acompanhar os mercados em seu celular. Antes de dormir, checava a tendência das bolsas asiáticas; ao acordar, as europeias. No trabalho, acompanhava, escondido do chefe, as dezenas de gráficos das ações da sua carteira e das que pretendia adquirir.

Comprou uma pequena réplica da estátua do touro de *Wall Street*, que passou a reverenciar como uma divindade. Suas preces estavam sendo atendidas, o mercado bombava, um *bull market* que parecia infinito. Pediu um empréstimo no banco para turbinar suas aplicações na bolsa. Lamentou não ter feito isto antes, pois perdera meses de alta do mercado que, agora, já estava caro.

Continuou a espremer o orçamento doméstico em prol de seus investimentos. Restringiu a compra de roupas novas, simplificou o cardápio, proibiu os presentes. A mulher, embora contrariada, suportava como uma Amélia as loucuras do marido, pensando em quando tudo aquilo teria fim.

Apesar de saber o risco que corria, ela decidiu preparar um jantar romântico no aniversário de casamento. Despachou as crianças para a casa da avó, caprichou no strogonoff de frango, colocou o espumante na geladeira, arrumou a mesa com velas, engatilhou o CD do Chet Baker. Foi ao salão de beleza, retocou as raízes grisalhas e fez uma super escova. Perfumou-se, vestiu seu pretinho seminovo e esperou a chegada do seu amado. Quando entrou em casa, ele estranhou o silêncio e o bruxulear das velas. Ela ligou o CD, foi ao seu encontro e, com o olhar fixo nos olhos dele, esperou um beijo apaixonado. Ele, que nunca antes fizera qualquer comentário a respeito do cabelo dela, exclamou: "Eu não lhe disse para não gastar dinheiro com coisas fúteis? Afinal, estamos economizando para garantir o nosso futuro!".

Naquela noite ele dormiu no quarto das crianças. Na manhã seguinte, ela mandou que arrumasse um lugar para morar. Ele negociou o quartinho da empregada, porque não queria assumir mais despesas. Ela concordou recalcitrante.

Agora, um estranho em seu próprio lar, preferia permanecer no trabalho horas depois do fim do expediente, examinando gráficos de ações, lendo análises nos sites de corretoras, procurando dicas na web. Sentia-se liberto.

No fim daquele ano, leu rumores sobre uma epidemia de vírus numa cidade chinesa, mas não deu importância. Passou um natal e um *réveillon* regrados, gastando o mínimo possível.

Os índices das bolsas continuavam firmes e ascendentes, mas a epidemia atingia a Europa. Até que, no fim de fevereiro, os índices começaram a despencar no mundo todo. Em choque, ele se recusava a vender e realizar toda aquela perda. A cada *circuit breaker* acionado sentia uma pontada direto no coração, temia um infarto.

Um dia, ligaram do trabalho para a casa dele procurando-o. Sem saber que ele não tinha ido trabalhar, sua mulher o achou no quartinho de empregada, olhos fixos no teto, em estado catatônico.

Naquela noite ela o convidou para um cineminha, mas desta vez em casa. A pandemia já se instalara e a ordem era não sair e manter o isolamento social.

Ele, contudo, não se importou quando ela pediu pelo serviço de *delivery* queijos e vinho para acompanhar o filme romântico que ela escolhera no serviço de *streaming*. Com os investimentos destroçados, eles agora começavam a cuidar do coração e reconstruir aquilo que a alta da Bolsa de Valores havia descapitalizado, a relação familiar. Ele via com clareza agora que seu maior investimento começava a se recuperar, o amor dela que o encantara há mais de uma década.

Falaremos mais sobre os investimentos em ações no último capítulo, onde há um miniguia de investimentos, que ajuda a navegar nesse mar de aplicações financeiras.

Esta crônica nos ensina que, no mundo das finanças pessoais, há dois sentimentos que devem ser afastados para evitar perdas importantes: a ganância e o medo.

A ganância nos leva a embarcar em euforias financeiras e, não raro, concentrar as economias em aplicações muito ousadas, sem observar os cuidados necessários para equilibrar a equação risco *versus* retorno.

Já o medo nos faz alocar os investimentos – mesmo os de médio e longo prazos – em aplicações tão conservadoras que o tempo acaba por corroer o capital investido, já que há possibilidade real de a rentabilidade ser inferior à inflação.

Ao pensar em investir, lembre-se de um princípio do filósofo americano do final do século XIX, William James: "como ganhar e manter a felicidade é para os homens, em qualquer época, a motivação secreta em tudo que eles fazem".

Os investimentos que as pessoas fazem ao longo da vida também devem seguir esse princípio, ou seja, são aqueles que vão te deixar mais perto dos seus objetivos, mas que também o mantém confortável e em paz com sua família. Os que podem dar um retorno muito alto, mas deixam você nervoso e tiram seu sono são, por princípio, um péssimo investimento.

Um *ménage* financeiro

Os recursos financeiros fartos não representavam obstáculos para a extravagante e glamurosa rotina doméstica. Três empregadas, dois motoristas e três carros nas garagens do belo duplex nos Jardins. Uma família pequena, o casal e dois filhos, que viviam em mais de 300 metros quadrados. Jantares reunindo muitos amigos com bebida e comida à vontade. Não precisava haver motivo qualquer para essas frequentes reuniões. Fins de semana na praia ou na montanha dependiam apenas da estação do ano. Pelas cabeças dos filhos adolescentes, nunca passou a ideia de que dinheiro fosse um recurso finito. E ela, a mãe, também nunca achou que fosse necessário adverti-los desse detalhe.

Então, veio a profunda recessão de 2014, início do segundo mandato da presidente Dilma Rousseff. O desemprego se multiplicou. A taxa de juros, reduzida artificialmente no mandato anterior, foi elevada compulsoriamente devido à ameaça inflacionária. O dólar disparou. Empresas com endividamento em moeda estrangeira tiveram sérios problemas para sobreviver, algumas sucumbiram.

Ela via no noticiário a deterioração da economia, mas nunca suspeitou que aquilo poderia abalar a sua rotina de luxos. Era algo distante do seu pequeno mundo. Julgava que, no máximo, afetaria a parcela da população mais vulnerável. No entanto, a empresa que sustentava as extravagâncias da família também havia sido duramente afetada pela crise econômica do país. As faturas de cartões e despesas de casa deixaram de ser pagas pelo caixa da empresa. Ela descobriu, repentinamente, que esses recursos, antes ilimitados, não existiam mais. A empresa precisou fazer uma forte reestruturação para sobreviver à crise. Esse freio secou a fonte que sustentava os luxos dos acionistas. Embora errada, essa é uma prática comum em empresas familiares. O marido passou a receber apenas o pró-labore. Todos deveriam, portanto, adaptar o orçamento à nova realidade. Apesar de ainda ser um volume de recursos generosos, na verdade, não seria um processo fácil.

À queda da renda, seguiram-se os desentendimentos. Aquele seria o primeiro grande teste de resiliência do casal. Pais e filhos passaram a medir força para não abrirem mão dos privilégios. O que deveria ser um esforço conjunto virou uma disputa.

Sem os ajustes necessários, vieram as dívidas no cartão de crédito e no cheque especial, sempre com a esperança de que houvesse uma milagrosa e súbita recuperação do cenário econômico. O endividamento desenfreado trincou os pilares da solvência econômica e instalou o caos. Como um derradeiro esforço para preservar o que ainda restava do ambiente familiar, eles concordaram em contratar os serviços de um planejador financeiro, que viria a ser o mediador das contendas financeiras.

Foi neste *ménage* financeiro que o casal conseguiu finalmente equalizar o orçamento, e três meses depois até mesmo iniciar um programa de investimentos. Sim, a receita mensal era suficiente para cobrir os gastos da família, e ainda podiam contar com sobras para investir. Foi preciso chegar um terceiro nesta relação para que eles finalmente olhassem para as demandas financeiras de forma racional, e não como uma disputa.

A figura de um planejador financeiro é relativamente nova no mercado brasileiro. São poucas as famílias que recorrem a ele. Um dos maiores benefícios de contratar esse profissional é tirar do centro das decisões do casal a disputa de quem está com a razão. Um planejador financeiro com boas credenciais e isenção consegue trazer racionalidade, equilíbrio e alinhamento de objetivos.

O que mais se espera dele? Uma orientação inquestionável para ajustar as despesas às receitas da família. Além disso, ele poderá dar informações sobre financiamentos mais baratos, reestruturação de dívidas, riscos, investimentos que se encaixem às demandas da família e às obrigações futuras, como universidade dos filhos e aposentadoria. Enfim, ele planejará todas as etapas financeiras da vida familiar.

Pode ter certeza, você sabe mais do que imagina sobre esse assunto. Basta usar a mesma intuição que utiliza para escolher um médico, por exemplo.

Ele tem que ter boa formação, experiência e habilidade para lidar com dores e angústias, financeiras, obviamente. Peça recomendações a amigos que já usaram esse serviço ou consulte o site da Planejar, Associação Brasileira de Planejadores Financeiros.

Entreviste ao menos três antes de se decidir. Veja qual se adequa melhor ao seu perfil. Escolha alguém que desperte sua confiança. Uma pessoa com quem se sinta à vontade para partilhar confidências da vida familiar. Ele é o "psicólogo" para assuntos financeiros. Há outra questão essencial: saber como ele cobra por esse serviço. Ele recebe comissões pelas aplicações que sugere? Não se engane, ninguém trabalha de graça. Geralmente eles ganham pela consulta e/ou recebem comissão pelos produtos financeiros que indicam (rebate), caso clássico de seguros e fundos de investimentos. Nada de errado quanto ao rebate, desde que fique tudo transparente para evitar, ao máximo, o conflito de interesses.

Família eh! Família ah! Família!

A mudança de cidade era sinal de que dias melhores viriam para aquela família que vivia sem luxos, mas com gastos que, se calculados na ponta do lápis, mostrariam que estavam bem acima do que permitia a renda do casal.

Mas ali, perto do irmão, ele sabia que a renda aumentaria, porque o caçula tirara a sorte grande no emprego e cultivava bons relacionamentos, que certamente abririam caminhos para o primogênito se recolocar no mercado numa posição de destaque.

Casado e sem filhos, o caçula tinha uma vida confortável. Além do próprio salário, a mulher também trabalhava e não ganhava pouco. Era o que se convencionou chamar de *Dinks* (*double income, no kids*) ou, numa tradução literal, dois salários, nenhuma criança.

Assim pensava o irmão mais velho, o casal sem filhos não se importaria de dar uma força aos sobrinhos, como ainda desfrutaria o enorme prazer de ter crianças por perto.

É claro que o caçula amava os sobrinhos, mas não estava em seus planos sustentá-los. Aliás, um dos motivos que o fizera optar por não ter filhos foi justamente não se sentir capaz de absorver as responsabilidades, inclusive financeiras, que costumam vir com crianças. Mas amava os sobrinhos e o irmão.

Os meses passaram, os anos também, e o que era uma ajuda pontual acabou virando uma despesa recorrente com crianças: plano de saúde, escola, e ainda uma força para o aluguel. Os filhos que optaram por não ter estavam lá, e a mulher

Infidelidades Financeiras

do caçula via com incredulidade o marido se desdobrar para atender cada vez mais a família. E ela pensava, *"será que terei que esperar 20 anos para essas crianças crescerem? E se piorar?"*. Ele decidia tudo sem consultá-la. Ela se sentia um mero passageiro no ônibus junto com toda a família dele. Ele foi se acostumando com a passividade dela e foi cumprindo com aquelas obrigações, sempre achando que logo estaria tudo resolvido, o irmão acharia um emprego e ele finalmente se veria livre das obrigações.

Ele sempre tinha alguma coisa mais importante para resolver e acabava adiando alguns dos planos que fizera com ela. Em algumas ocasiões, ela sentia que atrapalhava, que não fazia parte daquela família.

E, assim, ela foi se distanciando e ele sentiu o baque. Para ele, a indiferença da mulher, que crescia dia a dia, tinha apenas uma justificativa: ela o estava traindo.

O que ele só deu conta muitos anos depois foi que, naquele episódio, a traição fora dele. Uma traição financeira que pode ter um efeito tão danoso numa relação como qualquer outro tipo de infidelidade. Mas, àquela altura, o divórcio já estava consumado. A falta de limites dele em atender às demandas da família e, o que era ainda pior, deixá-la completamente fora das decisões de financiar ou não os gastos do irmão, era uma infidelidade que ela já não conseguia mais suportar.

Família e dinheiro, está aí uma combinação explosiva. Nada mais comum que brigas no relacionamento por causa dos familiares de um ou dos dois. Mas quando a briga envolve trapalhadas financeiras de irmãos e cunhados, o que já era ruim, fica ainda pior.

Essa é uma relação tão complexa que, para decifrá-la, teria que entrevistar psicólogos, filósofos, padres, pastores, enfim, gente que entende a alma humana. Por ora, basta aceitar que este é o maior problema que as finanças do casal podem amargar e de muito difícil solução.

"Como chegar de carrão importado à casa da sogra no almoço de domingo e encontrar o cunhado desempregado e sem plano de saúde?" Isso me foi

dito por um consultor financeiro que tem ajudado muitas famílias a colocar ordem na casa.

A mulher desse casal, vendo isso, empresta dinheiro para a irmã atravessar o período difícil e, alguns fins de semana depois, quem chega de carro novo no almoço de domingo na casa da sogra é o cunhado que, aliás, continua desempregado.

Consegue imaginar o teor explosivo dessa cena? Ela não é uma raridade, é mais comum do que você imagina.

Respostas simples não ajudam. As soluções nesses casos costumam ser complexas.

Outro planejador financeiro me contou que, certa vez, foi contratado não para cuidar das finanças do homem que pagara seus honorários, mas sim do irmão da mulher dele, ou seja, o cunhado. Foram tantas as vezes que ele emprestara dinheiro para o cunhado sem receber nenhum tostão de volta que, vencido pelo cansaço, achou melhor dar de presente os serviços de um planejador financeiro profissional.

Quando você socorre alguém financeiramente, acha-se no direito de dar palpites de como ele ou ela vai gastar o seu dinheiro. Só que, uma vez emprestado, não se trata mais do seu dinheiro, mas do dinheiro deles.

No caso da família, pais, mães, irmãos e cunhados, em especial, a carga explosiva é ainda maior. A questão financeira dispara uma sobrecarga de mágoas, disputas, rancores, inveja e, por isso, deve ser tratada na origem.

O pragmatismo costuma ajudar. Não espere que o dinheiro que você emprestou seja usado da forma como você usaria para resolver os problemas financeiros do seu familiar. Pode apostar que, com o dinheiro na mão, ele se achará o dono da razão e terá todas as respostas. Não vai esperar por seus conselhos. Além disso, poderá até se sentir ofendido. Se os recursos se destinam a pagar uma dívida específica, pague-a você mesmo. Nunca deixe que o dinheiro chegue à conta do seu familiar, essa decisão pode ser desastrosa.

Por fim, sempre que possível, opte por soluções profissionais. No caso da fiança do aluguel, por exemplo, há produtos no mercado financeiro que servem perfeitamente a esse propósito. Informe-se no banco ou na imobiliária sobre as alternativas disponíveis e escolha a que melhor se encaixa em sua demanda. É preferível comprar um produto como esse a assumir a fiança.

Lembre-se: sempre que for tentar ajudar a família de alguma forma, faça da forma mais profissional possível. Esse é o melhor caminho para evitar colocar mais lenha nessa fogueira das vaidades.

O pesadelo do atleta

Josenilson nasceu craque. Nas peladas no campinho do Complexo do Alemão, onde morava, era sempre o primeiro a ser escolhido. Mais tarde, já no lendário campo do Olaria, na Rua Bariri, dava shows em meros treinos dos juvenis.

Depois de passar por uma peneira difícil, foi selecionado para jogar num dos grandes times do Rio de Janeiro. Tinha finalmente alcançado sua meta. Naquele dia, comemorou com a mãe e a irmã. Foram ao culto da igreja evangélica agradecer as graças recebidas. Era muito ligado à família. Sentia-se responsável por todos desde que o pai os abandonara.

Logo pôde se mudar para a nobre zona sul do Rio, onde comprou um amplo apartamento para morar com a mãe. Mas não se sentia bem por ter deixado a irmã, o cunhado e os dois sobrinhos na comunidade. Alugou um apartamento para eles próximo ao seu.

Cioso da forma física, empenhava-se na manutenção do corpo em longas sessões de musculação após os treinos com bola. Contratou o melhor seguro saúde do mercado e, generosamente, incluiu na apólice a mãe, a irmã e os sobrinhos. Também se preocupava com a educação dos meninos. Matriculou-os numa boa escola perto de casa. Casou-se com o amor da infância e foi abençoado com um lindo casal de filhos. Dava graças todos os dias pelo sucesso alcançado.

Recebeu algumas propostas para jogar no futebol chinês, mas nunca de um time europeu. Preferiu permanecer no seu time do coração.

Infidelidades Financeiras

Sabia que a vida de atleta tinha um prazo determinado. Um prazo curto, para ser realista. Tinha consciência de que os melhores anos de sua carreira já haviam passado. As condições para as renovações dos contratos eram cada vez menos favoráveis. Andava preocupado, passou a ter pesadelos. Fez um balanço de sua situação financeira e constatou que não investira o suficiente para manter o padrão de vida para todos da família, depois que se retirasse dos gramados. Não tivera uma educação formal, tudo que sabia era atuar nos campos. Numa madrugada, acordou banhado em suor. Sonhara que, em uma disputa de bola, havia quebrado a perna. Um pesadelo tão real que chegou a sentir a dor lancinante e o horror ao ver o sangue jorrar da ferida que lhe expunha a tíbia.

Seu comportamento mudou, passou a ficar irritadiço. Seu casamento começou a degringolar. As brigas com a irmã passaram a ser frequentes, criticava a falta de iniciativa e a dependência total da caçula. Suas atuações em campo também não eram as mesmas. Havia semanas que não marcava um gol. A torcida começou a ser hostil.

Precisava de ajuda para vencer aquela fase e pensou em procurar o Pastor, mas concluiu que o problema não era espiritual, mas financeiro. Os compromissos econômicos e a dependência financeira de tanta gente tornaram-se um fardo muito pesado para carregar sozinho. A lembrança de tantos craques que o antecederam e acabaram na miséria não lhe saía mais da cabeça.

O desafio de ser craque nas finanças é maior que o de fazer o gol na final da Copa do Mundo.

Esta é uma história clássica no mundo do futebol. Craques que fazem fortunas nos campos e chegam à meia-idade sem um centavo, muitas vezes dependendo de favores.

Não é uma exclusividade dos jogadores brasileiros, nem tampouco está restrito ao futebol. Trata-se de um assunto tão sério que há estudiosos sobre o tema em universidades que pesquisam finanças pessoais por todo o mundo.

O pesadelo do atleta

Uma das pesquisadoras mais reconhecidas neste campo é Annamaria Lusardi, professora da George Washington University e uma das criadoras do curso de finanças pessoais para atletas.

Em um de suas pesquisas ela identificou que não bastava treinar os atletas em conceitos de finanças pessoais. Para ser eficiente, qualquer programa de educação financeira deveria também contemplar a família do atleta. Mãe, pai, mulher e filhos, pelo menos. A pressão financeira que esses entes queridos fazem sobre aquele que passa a ser o provedor de toda a família não deve ser subestimada, e pode comprometer seriamente o desempenho profissional e a solvência futura.

Veja, estamos falando de atletas, mas podemos extrapolar para todos os casos de celebridades ou qualquer profissional muito bem-sucedido que passa a figurar como um suporte financeiro na família.

Mas voltemos aos atletas. Lidar com dinheiro e relacionamentos já é um problema, e nesse caso os desafios são ainda maiores. O patrimônio que profissionais de outras áreas levam anos para construir, atletas que despontam em suas modalidades costumam conquistar em poucos anos. Uma década ou menos é suficiente para que exibam patrimônios vultosos.

Há duas armadilhas, contudo. Diferentemente de outras profissões, o auge da carreira do atleta é curto; ainda jovem ele já estará "aposentado"; se não utilizar o que ganhou para pavimentar uma segunda etapa da sua vida, provavelmente enfrentará problemas sérios para se manter. A história do esporte está cheia de casos célebres de atletas que chegam à maturidade precisando de favores.

A segunda armadilha vem, claro, dos relacionamentos. Pesquisas americanas com jogadores de basquete mostram que há uma alta frequência de divórcio quando eles deixam as quadras. A ausência de educação financeira da família comprometerá o bem-estar de todos mais cedo ou mais tarde. Dinheiro é um recurso finito e, como me disse certa vez o presidente de um banco, não leva desaforo.

Filhos:
ter ou não ter, eis a questão

Eles eram pais de três. O primeiro filho chegou um ano após o casamento e fora muito bem planejado. A vida do menino estava toda planilhada, da maternidade até o último ano da universidade. A criança completava seu terceiro ano de vida quando veio a novidade: a mulher estava grávida de novo. Este não fora planejado, mas, claro, era muito bem-vindo.

Começou então a refazer os cálculos. Enquanto a mulher fazia os exames do pré-natal, ele se debruçava nas planilhas e incluía mais um rebento. O ventre dela crescia para abrigar mais uma alma e a planilha dele apertava os custos para dar espaço às novas despesas que chegavam com o novo herdeiro. Sim, as ultrassonografias mostravam que mais um menino chegava à família.

No sétimo mês de gravidez ele começava finalmente sentir-se livre para curtir com ela essa maravilhosa aventura que é trazer mais um ser para o planeta. Ele, que ficara ausente todos esses meses, dedicado aos cálculos e planilhas e não havia participado sequer da escolha do nome, agora se desdobrava em mimos para a mulher e juntos imaginavam o belo futuro para a criança.

Pai de dois, agora ele se dava ao luxo de comemorar com os amigos a novidade que já estava prestes a chegar.

Tanta dedicação aos números fez com que ele conseguisse ajustar o orçamento da família para que os meninos estivessem com o futuro garantido. Ajustou a mensalidade escolar, por exemplo, escolhendo um colégio que não estava nos top 5, mas que era muito bom e reconhecido por preparar bem para o ingresso em faculdades públicas. Ele considerou que com tanta dedicação dos pais à educação dos meninos eles certamente conseguiriam o feito, por isso tirou da planilha custos de mensalidade da faculdade. Um ganho e tanto na hora de rodar as planilhas, pois se ao menos um deles optasse por cursar medicina, gastaria apenas com mensalidade cerca de R$ 8 mil, por cerca de seis anos.

Mas seriam jovens estudiosos e aplicados, então os gastos ficariam limitados a livros e cursos extracurriculares.

E assim, ajustando gastos com educação, viagens, cursos de idiomas (não seriam mais três, apenas o inglês estava de bom tamanho, o espanhol seria substituído pelo portunhol e o mandarim era uma extravagância), ele foi fazendo os filhos caberem no orçamento.

Quando chegou o grande dia ele correu para a maternidade. Não quis assistir ao parto, não era muito chegado a esse tipo de experiência. Esperava andando de um lado para outro pelo corredor, numa cena clássica de pais esperando o nascimento dos filhos.

Estava ansioso porque a demora era maior que previra. Ia em direção ao posto de enfermagem para procurar notícias quando viu o médico vindo ao seu encontro. *"Parabéns! Você agora é pai de gêmeos"*, disse o médico.

Ele custou para entender o que estava acontecendo. A ultrassonografia escondera uma informação crucial para aquele pai tão dedicado. A mulher estava grávida de gêmeos. É raro, mas pode acontecer, porque um dos irmãos acaba escondendo o outro. E aconteceu com ele.

Ficou transtornado. Deu um sorriso amarelado e ainda meio tonto correu para casa. Falaria com a mulher mais tarde. Era preciso atualizar a planilha.

Filhos são um passivo a longo prazo. Ou seja, uma dívida, uma obrigação que você carregará no seu orçamento, se tiver sorte, por ao menos 25 anos. Mas, para os menos afortunados, as despesas com filhos e os filhos dos filhos poderá inclusive comprometer seus planos de longo prazo como aposentadoria e independência financeira. Não subestime o impacto desta decisão e, se possível, planeje.

Para quem, como eu, optou por não ter filhos, ouvir as histórias dessas pequenas criaturas, confesso, é um pouco assustador. Mas ter filhos é uma experiência única, dizem aqueles que advogam pela sublime e devotada missão para a perpetuação da espécie. E custa caro.

No passado, os filhos eram um investimento para garantir a velhice. Nem sempre de forma racional e sem, necessariamente, educar as crianças para tal, os pais acreditavam que seriam cuidados por ao menos um dos filhos na idade avançada. Faziam uma espécie de seguro. Hoje essas expectativas se mostram cada vez mais frustradas. O que se vê, na verdade, são filhos que, ao invés de contribuir para o sustento dos pais na velhice, continuam sendo um encargo. Isso porque estão saindo cada vez mais tarde da casa dos pais e, não raro, casam-se e ainda permanecem lá.

Ter ou não ter filhos é uma decisão que impacta diretamente o seu padrão e estilo de vida. As novas gerações entenderam isso e começam a fazer contas antes de tomá-la. Daí porque a previdência passa por necessidades de reformas, menos gente nascendo para financiar os aposentados que estão vivendo cada vez mais.

Não é regra, mas pode acontecer de vocês ficarem grávidos enquanto ainda namoram. Filhos costumam ser um dreno em qualquer casamento, tanto emocional quanto financeiro. Mas se a gravidez acontece ainda na fase do namoro, aí sim, será um grande problema.

Se vocês ainda são jovens, as dificuldades serão ainda maiores. Portanto, não se descuidem. Lembrem-se que tudo o que vocês estão planejando para o futuro terá que ser revisto ao assumir essa responsabilidade. E vão ter de assumir, porque este não é um problema dos seus pais, mas de vocês.

Ter filho é ótimo, mas, para o bem de vocês e da criança, é fundamental que essa decisão seja encarada de forma responsável. É fácil engravidar nessa fase da vida. O corpo está novinho em folha, a libido está em alta e a disposição para assumir riscos é maior.

Agora é com você

"Não espero nada dela. É mais fácil viver com alguém sem expectativas. Vive-se o dia a dia". Li em algum lugar esta sentença de morte para uma história de amor. O personagem optara pelas águas serenas de uma vida sem afeto, *versus* navegar no mar revolto da paixão.

Fiquei pensando quem poderia ser tão cruel assim para condenar alguém a viver sem amor e renunciar a mais bela aventura da vida: amar e ser amado. Abrir mão de planos, sonhos, expectativas.

Dizem que "paz sem amor é chatice". E é verdade. O amor não será um eterno mar de tranquilidade, mas se construído e vivido com transparência, diálogo e compartilhamento, pode se revelar uma viagem saborosa.

Não encontrou alguém com quem valha a pena partilhar sonhos e projetos? Tudo bem. A vida pode ser muito divertida e prazerosa mesmo assim. Mas se encontrou, não tenha medo de investir na construção de um relacionamento que, apesar das inevitáveis dores, pode ser definitivo.

Ok, reconheço, sou uma romântica. E, como já disse, resolvi reunir essas crônicas para mostrar que as dificuldades com o dinheiro, em suas mais diversas nuances, estão presentes na vida de todos nós. Se é assim, vamos aprender com elas a não deixar escapar a oportunidade de viver relacionamentos apenas pela falta ou excesso de dinheiro.

A infidelidade financeira é cruel e pode destruir relações verdadeiras. Mesmo após a morte. Não é força de expressão, deixei para o final uma das histórias de amor e dinheiro que mais me marcaram em todos esses anos de jornalismo cobrindo finanças pessoais. Quem me contou foi um *private banker*, aquele que cuida da carteira de investimentos de grandes investidores.

Certa vez, ele comunicou à viúva de um cliente que ela herdara uma fortuna, muitos milhões de reais e ficou chocado com a reação da mulher. "Ela começou a chorar convulsivamente e eu sem saber como a consolar. Demonstrava um misto de culpa e de ódio, porque o marido morreu sem ter feito o tratamento caríssimo no exterior por pensar que não tinham recursos suficientes para pagá-lo", ele me explicou.

Sim, por 30 anos ela viveu com o amor da sua vida, pai de seus filhos, uma vida espartana. Jamais sentiu falta de nada, tinha uma família feliz de classe média paulistana. Nunca se interessou pelos negócios do marido, confiava nele como o provedor da casa.

Meu Deus! Como se lamentava de ter ficado alijada da construção de todo aquele patrimônio! Nem por um instante imaginou que dispunha de tamanha fortuna.

Inconsciente na UTI, o marido já não tinha como pedir para que entrasse em contado com seu gerente do banco. Sim, porque *private banker* é coisa de gente muito rica, e ela nem sabia do que se tratava. Só foi conhecê-lo quando já era tarde demais, quando já não havia mais tempo de ao menos tentar o tratamento.

A pessoa mais importante da sua vida tinha partido, e o enorme patrimônio que lhe havia deixado não aplacava sua dor. Parece roteiro de filme e não deve ser tão incomum.

Gosto de citações que revelam como amor e dinheiro se relacionam na vida de todos nós. Por isso, para encerrar, vou citar uma com que sempre me esbarro na internet e com a qual concordo integralmente: "a chave do sucesso financeiro de um casal está em olhar para uma mesma direção". Essa filosofia de rede social mostra o quanto estamos antenados e até intuímos o caminho a ser tomado. O que talvez nos falte é coragem para encarar o problema.

10 PALAVRAS QUE VÃO AJUDAR SUAS FINANÇAS

Hoje a literatura de finanças pessoais é farta e há muita coisa boa em sites, *e-books* e livros mais tradicionais. Na bibliografia no final deste livro, partilho algumas fontes onde costumo beber quando o assunto é dinheiro e finanças pessoais.

Aqui, apresento um breve resumo do que é essencial conhecer para começar a se familiarizar com o tema.

1. AÇÕES

Quantas vezes você já pensou em ter o seu próprio negócio?

O mercado de ações é uma forma de você participar (ser acionista) de alguns excelentes negócios e ser parte do crescimento e dos lucros dessas empresas.

O *home broker*, sistema de negociação direta com a Bolsa de Valores, permite que você compre ações pela internet, com aplicações pequenas, a partir de R$ 100. Mas é possível também comprar ações por meio de fundos ou recibos (ETF) negociados na Bolsa.

Peter Lynch, famoso gestor de fundos nos EUA, hoje aposentado, costuma dizer que uma companhia aberta é a mais democrática instituição do mundo. "É um exemplo da verdadeira igualdade de oportunidade", diz ele. Isso porque não importa a raça, o sexo, a religião ou a nacionalidade, qualquer um pode comprar uma ação de uma empresa aberta e assim tornar-se sócio do negócio.

O retorno do investimento em ações pode ser por ganho de capital, ou seja, o preço que você pagou pela ação é menor do que o preço pelo qual você consegue vendê-la. Outra forma de retorno com ações é por meio de eventos distribuídos pela empresa, como o pagamento de dividendos, que é a sua parte no lucro do negócio do qual você é um dos acionistas.

As ações são negociadas na B3, a Bolsa de Valores brasileira. Cada movimento do mercado de ações é medido por índices que servem de ponto de referência para o mercado. Os índices são compostos por uma carteira virtual de papéis que são escolhidos de acordo com critérios pré-estabelecidos. Esses critérios podem ser por volume de negócios, por tamanho da empresa, por determinado setor da economia, por região ou país onde as ações das empresas são negociadas, ou qualquer outro critério.

Os índices vão cumprir basicamente três objetivos: são indicadores de variação de preços do mercado, servem de parâmetros para avaliação de performance de portifólios e podem ainda servir como instrumentos de negociação no mercado futuro.

2. DÍVIDA

Quando o assunto é dívida, podemos tomar emprestado o clássico Anna Karenina, do escritor russo Liev Tolstói: "Todas as famílias felizes são parecidas, as infelizes são infelizes cada uma à sua maneira".

A dívida é um instrumento legítimo para qualquer um alcançar um sonho de consumo, construir um patrimônio ou se socorrer em momentos de emergência.

O problema é que há muito desconhecimento sobre como se endividar. As dívidas não são iguais e há um modelo de dívida para cada situação. Reconhecer o seu perfil quando o assunto é dívida pode ser um bom começo para refletir sobre suas finanças.

Generoso
Cai na armadilha do endividamento excessivo porque "emprestou" o nome a parentes e amigos. É a principal razão que leva muitas pessoas a ter o nome no cadastro de inadimplentes, pois, na maior parte das vezes, a dívida não é paga. Lembre-se sempre de que, se alguém está impossibilitado de tomar crédito, é porque tem restrições cadastrais, o que significa que seu perfil de risco é alto, seja por falta de renda, por inadimplência ou por qualquer outro fator que indique que não pode tomar aquela dívida.

Iludido
Muito comum. Por não estar com nenhuma prestação atrasada, acredita que não está endividado. Não consegue nenhuma sobra do salário, o dinheiro vai todo para pagar prestações e, se algum imprevisto ocorrer, todo o seu castelo de cartas (de crédito) desaba.

Inexperiente
Foi a primeira vez que teve acesso aos canais de endividamento, seja cartão de crédito, cheque especial, crédito direto ao consumidor (CDC) ou qualquer outro instrumento. E, por não ter as informações corretas para não se endividar, acabou sendo atropelado pelo rolo compressor do superendividamento.

Otimista
Tem certeza de que as expectativas são melhores que a realidade. Por isso, não se preocupa em traçar uma estratégia para resolver o problema do endividamento, já que acredita firmemente que sua situação futura será melhor que a atual. Ou seja, caminha alegre e confiante para um precipício financeiro, pois, mesmo que as expectativas se confirmem, ele estará sempre fazendo novos endividamentos além do que pode suportar.

Sonhador
Não tem a menor noção do quanto ganha, do quanto gasta e do preço que está pagando para realizar seus sonhos. Nunca ninguém

disse a ele que o dinheiro é finito, mas também não adiantaria muito dizer, porque ele não acreditaria. Seu compromisso é apenas com a realização dos seus desejos, dos seus sonhos de consumo. Seus dias de paz financeira, se é que ainda os tem, estão contados. Momentos de muita oferta de crédito vão levá-lo à falência rapidamente.

Sortudo
Acha que vai ganhar uma herança ou um prêmio na loteria, ou simplesmente que o dinheiro cairá do céu para pagar suas dívidas. Conta com a sorte para resolver todos os seus problemas, e com as dívidas não será diferente. Por isso, não se preocupa em traçar uma estratégia para livrar-se do problema.

3. DÓLAR

Guardar dólares debaixo do colchão, na gaveta ou no cofre, não é um investimento e tampouco ajudará você a atingir seus objetivos – sejam eles a aposentadoria, a casa própria ou a escola de seus filhos – de forma eficiente.

Para quem quer fazer investimentos dolarizados, a melhor rota é procurar fundos cambiais, fundos de investimentos no exterior, ou ainda algumas alternativas de aplicações diretas no mercado internacional.

As corretoras brasileiras que estão abrindo filiais no exterior são um caminho para acessar esses investimentos. Essas corretoras estão abrindo negócios no exterior, principalmente em Miami, justamente para atender os brasileiros que querem investir parte da carteira em títulos do governo dos EUA ou em ações americanas. Investir fora do país é uma prática perfeitamente legal e até recomendável como alternativa de diversificação de investimentos, desde que seu dinheiro tenha origem comprovada e você pague os impostos exigidos. Ou seja, você não pode esconder a sua aplicação nem do Banco Central e nem da Receita Federal.

Mas não se esqueça: mesmo que as suas aplicações estejam em moeda estrangeira, é necessário fazer investimentos com potencial para dar mais rentabilidade ao seu patrimônio, com o objetivo de protegê-lo dos efeitos corrosivos da inflação e para fazê-lo crescer. Mesmo o dólar sofre os efeitos da inflação, no caso a americana.

4. FUNDOS

Qualquer tipo de investimento que você queira fazer, de ações a imóveis, passando por mais exóticos como vinho, por exemplo, é possível fazer por meio de fundos de investimento. São condomínios que reúnem vários investidores para aplicar em determinadas classes de ativos. Há fundos de renda fixa, de renda variável e também os *"hedge funds"*, uma categoria que, no Brasil, está incluída nos fundos multimercados.

Quando aplica num fundo você está, na prática, comprando uma cota desse fundo. A cota é a fatia do fundo que lhe pertence e você saberá se está ganhando ou não com a aplicação acompanhando o valor da cota.

Atenção: leia com cuidado o regulamento do fundo antes de fazer a aplicação. O regulamento funciona como uma espécie de procuração que você dá ao gestor para fazer as aplicações em seu nome. Portanto, certifique-se dos poderes que está dando ao seu gestor.

O risco

Investidores em fundos de investimento costumam com frequência confundir o risco embutido na cota com o risco de crédito do banco. Isto é um grave erro. Corre-se o risco de crédito de um banco quando se compra um Certificado de Depósito Bancário (CDB), por exemplo. Ou quando se investe na caderneta de poupança oferecida por aquele banco.

Com a cota do fundo é completamente diferente. Ela deve espelhar o patrimônio do fundo. Quando você compra uma cota está correndo o risco de gestão do administrador, que pode ser uma empresa independente ou ligada a um grande conglomerado financeiro, e também o risco dos papéis que estão na carteira do fundo, sejam títulos de renda fixa ou ações.

5. IMÓVEIS

Investir em imóvel não é uma tarefa simples. Veja bem, estou falando em investir e não comprar um imóvel, o que são duas coisas bem diferentes.

É muito comum pensar, principalmente no Brasil, onde o histórico de inflação altíssima fez com que tivéssemos uma paixão atávica por imóveis, que ao trocar o aluguel por uma prestação de um financiamento imobiliário está "investindo", fazendo um ótimo negócio. Não é tão simples assim. É preciso fazer contas de quanto custa o financiamento, por exemplo.

No passado, o Brasil tinha taxas de juro tão altas que não raro comprar um imóvel era um péssimo negócio, porque você lucrava mais aplicando os recursos em títulos de renda fixa. O rendimento era suficiente para pagar o aluguel e ainda sobrava um bom troco para reinvestir.

Hoje esta conta não é tão simples assim. Com taxas de juros baixas, os imóveis passam a ser um bom negócio mesmo para investimento. Mas observe que qualquer investimento, seja ações, título de renda fixa, dólar, ou imóveis, para ter lucro, você precisa comprar na baixa e vender na alta. Ou seja, pagar menos pela compra do que vai apurar na venda.

Assim, para fazer um bom negócio, um investimento que no futuro lhe trará um ganho, é fundamental, na hora de comprar o imóvel, fazer uma pesquisa para saber quais os tipos de imóveis e regiões devem valorizar no futuro. Um corretor de imóveis pode ajudar, mas não é o bastante. O corretor quer vender porque é remunerado pela comissão e isso já é um conflito de interesse. Portanto, ele ajuda, mas não é suficiente.

É preciso pesquisar o que dizem os analistas e o que projetam os economistas para os padrões de consumo futuro.

Outro mito em relação aos investimentos em imóveis é a segurança. Todo investimento tem risco, com imóveis não é diferente. Além disso, é preciso considerar o custo de carregamento de um imóvel, ou seja, o dinheiro que você está deixando de ganhar em aplicações com taxas de juro. Há também o custo de depreciação do imóvel, condomínio e outras taxas que oneram este investimento. O retorno que você receberá nesta aplicação tem que ser suficiente para cobrir todos esses custos.

Outro ponto a destacar é que hoje há diversas formas de aplicações imobiliárias e você não precisará nem mesmo desembolsar o valor total para comprar um imóvel. Com R$1.000 reais, por exemplo, você pode comprar um imóvel por meio de cotas de um fundo imobiliário. Você terá uma parcela de um imóvel, e em alguns casos com boas vantagens tributárias.

6. INVESTIMENTOS

Economizar dinheiro não é suficiente para você ter uma reserva de emergência, acumular recursos para comprar uma casa ou formar um patrimônio para a aposentadoria, por exemplo. Para levar seu dinheiro para o futuro, protegendo-o da inflação e assegurando que ele engorde ao longo do caminho, é preciso investir.

Há uma diferença enorme entre guardar dinheiro e investir. Quando você guarda dinheiro seja em casa, seja em aplicações que não acompanham a inflação, você, na verdade, está perdendo dinheiro, ou seja, perdendo poder de compra com os seus recursos. Mesmo em economias com taxas de inflação modestas, se você não proteger seus recursos da corrosão da inflação o efeito é devastador no longo prazo.

Mas quando investe seu dinheiro em busca de taxas de retornos maiores do que a inflação você estará não apenas protegendo suas economias, mas acrescentando fermento ao bolo dos seus recursos. E para recursos de médio e longo prazo é fundamental investir, porque o estrago pode ser grande com a combinação tempo e inflação.

Para investir é preciso estar disposto a correr riscos, e quanto mais informação você tiver, mais eficiente será a alocação dos seus investimentos, buscando sempre um equilíbrio do risco e retorno.

O nível dos riscos de seus investimentos dependerá de algumas variáveis, como a sua própria tolerância ao risco, a sua idade e o prazo para sua aplicação. Uma carteira de investimentos eficiente contemplará diferentes graus de risco.

Nenhum único investimento é capaz de, ano após ano, proporcionar altos retornos. Daí a necessidade de diversificação. Na hora de diversificar os investimentos, é fundamental separá-los por prazo. Esse cuidado resultará numa economia tributária (aplicações mais longas tendem a pagar menos impostos) e ainda numa alocação mais eficiente, uma vez que aplicações com prazos maiores podem ter uma exposição maior ao risco e, consequentemente, um potencial maior de ganho. Para diversificar sua carteira de investimentos é necessário conhecer as diversas classes de ativos.

Observe, contudo, que, para ser eficiente, é fundamental escolher mercados que tenham uma correlação negativa na hora de diversificar sua carteira. Ou seja, ter ativos que reagem de maneira opostas a determinados eventos da economia. Por exemplo, se as taxas de juro na economia caem, as ações tendem a subir, porque ficam mais atraentes do que as aplicações em renda fixa e seduzem um número maior de investidores.

Uma carteira com diversos ativos muito semelhantes será menos eficiente que uma carteira de ativos com características completamente diferentes.

Renda fixa

Aplicações em títulos com direito ao recebimento de juros. Ao fazer um investimento em renda fixa, você está comprando um título de dívida emitido pelo governo, por uma empresa ou por um banco. Trata-se de um contrato por meio do qual você empresta dinheiro ao emissor do papel, que, em troca, lhe paga quantias fixas a intervalos regulares, que são o pagamento dos juros, até uma data específica, a data do vencimento do papel, quando então é feito um pagamento final, o resgate do título.

Risco
Nos papéis de renda fixa há dois tipos de risco:
— o emissor não pagar o papel, chamado de risco de crédito;
— oscilação na taxa de juro, conhecido como risco de mercado.

Renda variável

Na renda variável o fluxo de caixa é incerto. Quando compra uma ação, principal produto do mercado de renda variável, você está comprando um fluxo de caixa incerto, que pode ser os dividendos ou o ganho de capital (valorização da ação). Os mercados organizados, como a Bolsa de Valores, são o elo entre investidores e emissores de papel de renda variável.

Risco
Quando compra uma ação você está se tornando sócio de alguém. Seu principal risco é o de o negócio não prosperar e ter prejuízo, o que vai acabar se refletindo no preço da ação. Outro risco que deve ser observado é o de você precisar resgatar o dinheiro quando o mercado está passando por um momento de baixa. Por isso, os analistas insistem que para investir em ações você precisa da tranquilidade de não ter data marcada para resgatar o dinheiro.

Inflação

É o aumento generalizado e contínuo no nível de preços. A inflação corrói o seu poder de compra.

7. JUROS

A taxa de juro é o ponto de partida para se entender todo processo econômico que faz parte de sua vida. Quer você queira ou não é um agente econômico, e por isso simplesmente não pode se esquivar de conhecer os fundamentos desse universo, sob pena de fazer escolhas erradas que vão ter reflexos significativos no seu bem-estar.

Um exemplo que deixará as taxas de juro mais palpáveis foi contado no livro *"O Valor do Amanhã"*, de Eduardo Giannetti. Ele conta a história do poeta Baudelaire, que entregou a fortuna herdada do pai a amantes, presentes, festas e caprichos durante sua juventude. Quando o dinheiro acabou, ele se endividou até perder o crédito e ser financeiramente interditado.

Um de seus poemas, *"O Inimigo"*, explica a essência do processo econômico: a taxa de juro que nada mais é do que uma troca intertemporal, as escolhas que você faz no tempo e o que entrega por elas.

> *Minha juventude foi uma tenebrosa tempestade,*
> *Trespassada aqui e ali por brilhantes sóis;*
> *Chuvas e trovoadas fizeram uma tal devastação,*
> *Que só sobram no meu jardim bem poucas frutas vermelhas.*
>
> *Eis que atingi o outono da minha maturidade,*
> *Quando se fazem necessários ancinho e pás*
> *Para recuperar as terras inundadas,*
> *Onde as águas abriram grandes valas como tumbas.*
>
> *E quem sabe se as novas flores com as quais eu sonho*
> *Poderão encontrar nesse solo lavado como uma restinga*
> *O místico alimento que lhes dê vigor?*
>
> *– Ó dor! Ó dor! O Tempo engole a vida*
> *E o obscuro Inimigo que nos corrói o coração*
> *Cresce e se fortalece no sangue que perdemos!*

No livro de Giannetti, o filósofo e economista mostra o conceito das taxas de juros muito além de sua face monetária, e nos faz entender os dilemas e os custos das trocas diárias que fazemos entre o presente e o futuro. As trocas no tempo são uma via de mão dupla.

A posição credora – pagar agora, viver depois – é aquela em que abrimos mão de algo no presente em prol de algo esperado no futuro. O custo precede o benefício.

No outro sentido temos a posição devedora – viver agora, pagar depois. São todas as situações em que valores ou benefícios usufruídos mais cedo acarretam algum tipo de ônus ou custo a ser pago mais na frente.

Não importa qual seja a sua feição concreta. Pode ser dinheiro ou uma camada adiposa sobre seu corpo, quando você exagera na farra gastronômica do fim de semana; o fato é que o termo de troca entre esses dois valores separados no tempo define a essência dos juros.

Taxa de juro
Trata-se de uma taxa de retorno prometida. Três fatores básicos vão contribuir para a formação da taxa de juro em qualquer título: a moeda em que será feito o pagamento, o prazo do título e o risco de inadimplência do seu emissor.

A taxa de juro é um dos mais importantes preços da economia e, pode apostar, é preciso pensar nela para todas as decisões que você vai tomar.

Isso porque toda a troca intertemporal traz implícito o conceito de taxa de juro. O fenômeno do juro não está restrito ao mercado financeiro. Basicamente, o conceito de juro é abrir mão de algo no futuro em troca de um benefício agora (quando você paga o juro) ou abrir mão de algo no presente em benefício de algo no futuro (quando você recebe um prêmio, a taxa de juro, por isso). A taxa de juro é o termo de troca entre presente e futuro. Não precisamos quantificar, nem precisa ter valor numérico.

Por isso, você sempre precisará avaliar se vale a pena a troca que está fazendo entre futuro e presente. E isso vale tanto para as taxas de juro que você paga quanto para as que você recebe.

CDI – Certificado de Depósito Interfinanceiro
Trata-se de um título virtual, ou seja, não existe fisicamente. A Taxa do CDI representa o custo que o banco tem para captar dinheiro no mercado interbancário, isto é, para fazer um empréstimo em outro banco. Essa taxa, que varia diariamente, é o ponto de referência (*benchmark*) das aplicações em renda fixa no Brasil.

Para saber se a sua aplicação em renda fixa está com uma rentabilidade boa, o investidor brasileiro acostumou-se a compará-la ao CDI.

8. MERCADO

O que no jargão do mundo das finanças chama-se de mercado está relacionado às negociações de ativos financeiros. O mercado financeiro existe para viabilizar a troca de recursos entre os diversos agentes econômicos. Pessoas, empresas e governos têm necessidades diferentes e os instrumentos financeiros viabilizam a troca de recursos entre esses agentes. Dessa forma, é possível suprir a necessidade de cada um.

Assim, o mercado financeiro nada mais faz do que ligar a ponta entre aqueles que precisam de dinheiro e aqueles que possuem excesso de dinheiro em caixa. Estes precisam guardar seus recursos de forma eficiente, ou seja, de forma que não sejam tragados pela inflação e que ganhem valor ao longo do tempo. Por isso, estão inclinados a emprestar o dinheiro a quem precisa em troca de uma remuneração (taxa de retorno do capital investido).

O mercado financeiro é dividido em dois segmentos: o de crédito e o de capitais. O mercado de capitais é dividido entre o mercado de ações e o de dívida.

No mercado de dívida estão os títulos de renda fixa. Quem compra um título de renda fixa está se tornando credor de alguém. Quem compra ações passa a ser sócio do negócio.

O movimento da economia, o resultado das empresas, a taxa de inflação, são todos fatores que vão influenciar fortemente o comportamento de preços no mercado financeiro. Por isso, saber como interpretar os cenários econômicos é muito importante no processo de decisão de investimentos, não apenas nas aplicações financeiras, mas em toda a sua vida econômica.

Vender ou não um imóvel, por exemplo? Se a taxa de juro da economia está em queda, há uma valorização dos imóveis, pois há oferta maior de financiamentos e por isso aumenta o número de compradores.

Os xerifes do mercado

Banco Central

Este é o coração do sistema de pagamentos de um país. Sua função é assegurar a estabilidade da moeda e do sistema financeiro, mas seu grau de autonomia muda com as leis locais.

O BC é responsável por: emissão de moeda, regulação do crédito, controle do fluxo do capital externo no país (entrada e saída de dinheiro estrangeiro na economia), regulamentação e fiscalização do sistema financeiro nacional.

Proteger a moeda significa manter seu poder de compra, ou seja, não deixar que a inflação o corroa. Desde 1999, o Banco Central do Brasil adotou uma metodologia para a defesa da moeda baseada em meta de inflação.

Meta de inflação é o mecanismo pelo qual o Banco Central anuncia publicamente o intervalo em que a taxa de inflação deverá ficar.

CVM

A Comissão de Valores Mobiliários é o órgão regulador e fiscalizador do mercado de capitais. Sua função é assegurar o bom funcionamento do mercado em que são negociadas as ações e quaisquer outros papéis emitidos por meio de uma oferta pública, ou seja, uma venda de títulos para o público em geral. Participam desse mercado as companhias abertas (aquelas que têm ações negociadas no mercado), as corretoras de títulos e valores mobiliários, os fundos de investimentos em ações e os mercados organizados, como as Bolsas de valores.

A CVM é uma autarquia federal; seu presidente é nomeado pelo presidente da República e tem que ser aprovado pelo Senado.

9. ORÇAMENTO

Este é o início de tudo, o orçamento. Com ele você saberá quanto ganha e quanto gasta, simples assim. É eficiente. Mas são muitas as pessoas que não têm a mais vaga ideia do quanto ganham e principalmente de quanto gastam.

Há planilhas sofisticadas, outras mais simples, muitos sites e aplicativos de finanças pessoais também trazem diferentes modelos, mas lápis e papel são suficientes para você ter um orçamento bem elaborado, basta que liste de um lado sua receita e de outro suas despesas. Pronto, você agora já sabe o alcance da sua mão, ou seja, quanto pode gastar.

Note que ainda não estamos falando em economizar dinheiro. Esse é outro passo que você poderá dar ou não, a depender do que quer para o seu futuro.

Você quer ter independência financeira? Construir um patrimônio? Precisará de um orçamento na partida. Não quer nada disso? Ainda assim precisará ter um orçamento sob pena de ser tragado por dívidas que vão arrebentar sua qualidade de vida.

O orçamento vai lhe mostrar para onde está indo seu dinheiro e então você fará suas escolhas. Sim, será preciso fazer escolhas, porque o dinheiro é finito. Parece simples e óbvio, mas é impressionante a quantidade de pessoas que não acreditam na finitude dos seus recursos.

Também será o seu orçamento que lhe impedirá de cometer excessos.

Excessos costumam dilapidar patrimônios com uma velocidade impressionante e impedem que você pavimente a rota para sua independência financeira. E não é difícil ser seduzido por eles. Há um equívoco muito comum de achar que independência financeira é sinônimo de ser milionário. Independência financeira está mais atrelada ao seu padrão de gastos do que sua receita. Pode acreditar. Quanto menos gastos fixos você tiver, por exemplo, maiores são as chances de você ser independente financeiramente.

De nada adianta ter um salário alto, por exemplo, se suas despesas são maiores. E pior: se são despesas fixas você fica cada vez mais refém do salário e menos independência você tem. Aqueles que têm despesas fixas contidas têm uma independência maior do que aqueles que recebem salários astronômicos.

Uma forma de evitar cair nas armadilhas pelos excessos de consumo é ter em mente um conceito fundamental para qualquer agente econômico, seja família, empresa ou governo: *"trade-off"*.

O que os economistas chamam de *"trade-off"* é basicamente um processo de escolha, algo como o que a poeta Cecília Meireles traduziu como "ou isto, ou aquilo". Em economia, trata-se mais especificamente de uma situação de escolha conflitiva, isto é, quando uma ação econômica que visa à solução de um determinado problema traz inevitavelmente consequência negativa a outros.

Assim, o *"trade-off"* entre o excesso de consumo que vai lhe proporcionar um aumento do prazer momentâneo é o esvaziamento de sua caixa forte antes do previsto.

10. PREVIDÊNCIA

Quando pensar em previdência, você deve dividi-la em dois pilares: o público e o privado.

A previdência social (ou oficial) está sob o manto do INSS e é voltada para os trabalhadores da iniciativa privada, que estão no regime geral de previdência, ou seja, aqueles que não trabalham no setor público. Os trabalhadores do setor público estão no regime próprio, seja federal, estadual ou municipal.

A previdência complementar você vai encontrar por meio dos planos de previdência vendidos por seguradoras (previdência aberta) ou por meio dos fundos de pensão (previdência fechada) ou, ainda, criando você mesmo uma carteira de investimentos, cuja meta será complementar os seus rendimentos depois de aposentado.

Sempre que você ouvir falar em PGBL ou VGBL, seja em reportagens ou campanhas publicitárias, vai encontrar fortes referências à aposentadoria: senhores e senhoras grisalhos com uma boa vida, graças ao patrimônio que acumularam nesses produtos de investimento para desfrutar a vida de aposentados.

No entanto, confinar planos de previdência a aposentadoria é um erro. São veículos de investimentos muito eficientes para objetivos de médio e longo prazos, mais especificamente aplicações acima de 5 anos de prazo. Além disso, esses planos servem muito bem a planejamento tributário como sucessão, herança, legado.

PGBL – Plano Gerador de Benefício Livre

A principal característica deste plano é trazer o benefício fiscal de poder abater as aplicações feitas no plano na sua declaração do Imposto de Renda. Essas deduções podem ser feitas até 12% do total da renda tributável.

Este é um aspecto importantíssimo porque é o que vai definir se este é ou não o plano adequado às suas necessidades. O PGBL só deve ser considerado se o benefício fiscal for utilizado, caso contrário ele não será o melhor caminho.

Ou seja, se você já tem aplicações que se valem desse benefício, o melhor é recorrer ao VGBL, um plano semelhante, mas que não conta com esse ganho tributário.

VGBL – Vida Gerador de Benefício Livre

Este plano é uma derivação do PGBL e começou a ser colocado no mercado em 2001. Foi confeccionado nos mesmos moldes do PGBL, mas a diferença básica entre os dois planos está relacionada aos benefícios fiscais de cada um deles. Enquanto no PGBL é possível deduzir até 12% da renda tributável no ano, no VGBL o investidor não conta com este benefício.

Por que os VGBLS são mais interessantes para quem não tem imposto a pagar?

Porque no PGBL quando houver o resgate da aplicação, a tributação incidirá sobre o valor total do resgate e não apenas sobre o ganho de capital. Ou seja, você estará devolvendo então parte do que economizou com o benefício fiscal de utilizar as aplicações para abater até 12% de sua renda tributável. Se você não utilizará este benefício, portanto, é melhor não ter que arcar com esse custo no resgate. Assim, o melhor caminho é o VGBL, que no resgate é tributado apenas sobre o ganho de capital.

O formato do VGBL é de um seguro e não de um plano de previdência aberta, como no caso do PGBL. Na prática, no entanto, o funcionamento de ambos é muito semelhante ao de um fundo de investimento. Mas as peculiaridades do VGBL se mostrarão ainda mais eficientes na hora de planejar a herança, pois além de servir como um plano de acumulação de capital, tem as facilidades de uma apólice de seguro.

Assim como o PGBL, também é muito transparente, pois você mesmo escolhe o gestor da carteira e o perfil de investimento, se mais conservador (100% aplicado em papéis de renda fixa) ou com uma dose maior de risco (até 49% da carteira aplicada em ações).

Diferente dos fundos de investimento, não há incidência de Imposto de Renda sobre os rendimentos no período de aplicação, assim como ocorre também nos PGBLs. Desta forma, o rendimento é reinvestido integralmente, aumentando a força da capitalização do patrimônio, pois o Imposto de Renda só será pago no resgate da aplicação.

PGBLs e VGBLs são os mais modernos instrumentos de previdência porque estão baseados no princípio da contribuição definida, isto é, o valor do benefício futuro vai depender da capitalização das contribuições. Não há garantia mínima de rentabilidade, mas a totalidade do retorno das aplicações vai integralmente para o aumento do patrimônio do fundo.

Tratam-se de planos bastante flexíveis, nos quais você escolhe o volume e a periodicidade da contribuição. Não há também nenhuma penalidade, caso você interrompa suas contribuições. O aporte, inclusive, poderá ser feito de uma única vez ou regularmente, em períodos que você mesmo é quem vai determinar.

O risco do PGBL está diretamente relacionado aos ativos que estão na carteira do fundo. No entanto, diferentemente de um fundo de investimento tradicional, em que o cotista não corre o risco de crédito do gestor do administrador do fundo, no PGBL o investidor está exposto ao risco da seguradora.

Isso porque a seguradora cria um fundo de investimento em que ela é a cotista principal. Em caso de quebra da seguradora, os ativos que estão na carteira do fundo vão para a massa falida.

Você poderá usar esses veículos também para uma eficiência tributária, ou seja, pagar menos imposto na transferência de patrimônio. Nesse caso, você estará, de início, atrelando dois benefícios ausentes dos processos tradicionais de herança: liquidez e economia de impostos.

O valor do INSS

Observe que não há no mercado privado nenhum plano que ofereça tantos benefícios a um custo tão baixo quanto a previdência oficial, o INSS. Daí a importância de se informar melhor sobre este sistema e regularizar sua situação de segurado.

Bem, aí vem a pergunta clássica: mas a previdência oficial não vai quebrar?

Esta é uma pergunta recorrente e uma desculpa frequente para não acertar suas contas com o INSS.

As contas da previdência são um dos pilares mais importantes das contas públicas e, por isso, o sistema vem passando por reformas, justamente para manter sua solvência. Se o sistema previdenciário quebra é porque as contas públicas estão em completa desordem e, neste caso, não será a previdência privada que sobreviverá incólume. Quando a economia de um país quebra é porque todo o sistema está comprometido.

Então é pouco provável que o sistema colapse. No entanto, ele tem ficado cada vez menos generoso e exigido mais tempo de contribuição. O teto da previdência já reduziu bastante e tende a se reduzir ainda mais no futuro. Por isso, você precisará recorrer à previdência complementar para conseguir ter o suficiente para manter seu padrão de vida.

O sistema de previdência social, ou seguro social, de um país é constituído por um programa de pagamentos ao indivíduo ou aos seus dependentes, como compensação da perda de capacidade de trabalho, seja por idade, invalidez ou morte. O seguro social tem como função garantir níveis mínimos de rendimentos para os trabalhadores idosos.

O INSS regula e prevê os benefícios para os trabalhadores ou aos seus dependentes. Quem não exerce atividade remunerada – como uma dona de casa, por exemplo – também pode e deve se inscrever na previdência oficial e contribuir para ter direito aos seus benefícios. Nesse caso, ela é considerada um segurado facultativo.

Felizes para Sempre

Chegamos ao fim desta jornada, mas definitivamente este assunto não se esgota aqui. Na verdade, meu objetivo é que este livro seja uma porta de entrada a um tema tão espinhoso que, por ser colocado de lado, vai se tornando um monstro destruidor de relacionamentos.

Como vimos nessas histórias que selecionei, problemas com dinheiro estão presentes sob as mais diversas formas em todos os relacionamentos. Ou seja, seu caso não é uma exceção. Mas tomar uma atitude vai fazer a diferença e não apenas para salvar seu relacionamento, mas fundamentalmente para melhorar a sua própria relação com o dinheiro.

Gosto muito de uma frase da economista Eliana Cardoso que diz: "*dinheiro demais te faz refém do dinheiro e de menos te faz refém dos outros*". Conseguir chegar ao equilíbrio de estar no comando da sua vida financeira com pragmatismo e tranquilidade não chega a ser uma missão impossível, mas sem dúvida é desafiadora.

Para isso, você precisará de informação e atitude. Trago aqui algumas informações cuidadosamente apuradas. Agora é com você.

Referências

BAUDELAIRE, Charles. Poema "*O Inimigo*" in *Les Fleurs du Mal*. Paris-Coulommiers: Éditions Gallimard, Le Livre de Poche, 1966.

CARDOSO, Eliana. *Economia Brasileira ao Alcance de Todos*. São Paulo: Brasiliense, 1982.

DALIO, Ray. *Princípios*. Rio de Janeiro: Intrínseca, 2018.

GIANNETTI, Eduardo. *O Valor do Amanhã*. São Paulo: Companhia das Letras, 2012.

GUIMARÃES, Cleide Maria Bartholi. *Até que o dinheiro nos separe*: A questão financeira nos relacionamentos. São Paulo: Saraiva, 2012.

LINS, Regina Navarro. *Novas Formas de Amar*. São Paulo: Editora Planeta, 2017.

LUQUET, Mara. *Guia Valor Econômico de Finanças Pessoais*. Rio de Janeiro: Globo, 2007.

LUQUET, Mara. *O Futuro É*: Viajar, Malhar, Estudar, Namorar e Investir. São Paulo: Benvirá, 2016.

LUQUET, Mara. *Tristezas não Pagam Dívidas*. São Paulo: Saraiva, 2006.

LUSARDI, Annamaria. *Overcoming the saving slump*: How to increase the effectiveness of Financial Education and Saving Programs. Chicago: University of Chicago Press, 2009.

SANTOS, Claudio Henrique. *Macho do Século XXI*. São Paulo: Claridade, 2013.

SCHWARTSMAN, Alexandre. *Economia no Cotidiano*: Decifra-me ou te devoro. São Paulo: Contexto, 2020.

THALER, Richard. *Misbehaving:* a construção da economia comportamental. Rio de Janeiro: Intrínseca, 2019.

ZAREMBA, Victor. *Ganhar, Cuidar & Investir*: como chegar ao equilíbrio e bem-estar financeiro. São Paulo: Saraiva, 2012.